一学就会的
思维导图
工作法

陈国钦 —— 著

浙江人民出版社

图书在版编目（CIP）数据

一学就会的思维导图工作法 / 陈国钦著. — 杭州：
浙江人民出版社，2022.3
ISBN 978-7-213-10314-8

Ⅰ. ①一…　Ⅱ. ①陈…　Ⅲ. ①电子计算机工业—
工业企业管理—经验—美国　Ⅳ. ①F471.266

中国版本图书馆CIP数据核字（2021）第198651号

浙 江 省 版 权 局
著作权合同登记章
图字：11-2020-044 号

一学就会的思维导图工作法

陈国钦　著

出版发行：浙江人民出版社（杭州市体育场路 347 号　邮编：310006）
　　　　　市场部电话：（0571）85061682　85176516
责任编辑：潘海林　王　燕　陈　源　尚　婧
营销编辑：陈雯怡　赵　娜　陈芊如
责任校对：戴文英
责任印务：刘彭年
封面设计：北极光书装
电脑制版：济南唐尧文化传播有限公司
印　　刷：杭州宏雅印刷有限公司
开　　本：710 毫米 × 1000 毫米　1/16　　印　　张：20
字　　数：325 千字　　　　　　　　　　插　　页：2
版　　次：2022 年 3 月第 1 版　　　　　印　　次：2022 年 3 月第 1 次印刷
书　　号：ISBN 978-7-213-10314-8
定　　价：78.00 元

如发现印装质量问题，影响阅读，请与市场部联系调换。

"下载"职场五力成功 App，你就会成功

如果把人的大脑比作一部手机，要想成功，最快的方法，便是把别人成功的模式，像下载 App 一样植入自己的大脑。职场最需要的核心能力是思考力、沟通力、销售力、企划力和领导力。我将这五力的成功经验称为"职场五力成功 App"，欢迎你来"下载"！

我当企业讲师已经 7 年多了，经历近千场的演讲、授课、咨询活动，一边听取学员的反馈，一边强化自己的知识领域，授课行业包括金融、制造、科技、信息、服务、电信、运输、汽车、建筑、医疗等。我一直觉得讲师本身也是学生，通过教学与实操去吸收各行业的知识养分，而基于这些宝贵职场人的进阶和收获，为帮助职场人，我决定出版一本简单、快速、精进的超级工具书。

在写这本书时，我曾经陷入苦思，书名该叫什么？内容写什么？该如何定位营销？怎样让读者愿意买单？正当苦思无策之际，忽然从心底发出一个声音：作为一名企业讲师，天天都和一线员工相处，那何不就**从使用者最需要、最实用的技巧下手，帮助他们在工作中脱颖而出、升职加薪**?! 于是我把职场最核心的五力及最实用的 50 个技术，一次完整到位地呈现给广大读者，写了这本《一学就会的思维导图工作法》，也可以看作是之前作品——《思维导图：提升你的职场核心竞争力》的实战版！

在开始介绍本书之前，我想分享我个人的故事：2014 年，我潇洒地挥一挥衣袖，离开外企的高薪工作，本以为可以很愉悦地做我热爱的教学工作，

1

事实上，由于放不下高级职位及诱人的薪水，我曾几度想放弃教学工作，回到职场。后来我听到一句话：

如果有一件事，是有价值的、你擅长的、又是你的热情所在，那就是你这一生的使命，我们称之为 VTP（V = Value 价值、T = Talent 擅长、P = Passion 热情）。

因此，让我更加肯定我这一生的使命，也感谢上天在我人生的下半场，恩赐我这条路，一条可以帮助别人成功的道路，也愿所有读者都能找到属于自己的天命，尽情地发光，不枉此生！

目 录

本书架构与特色

我喜欢这样一类书：内容偏重思考逻辑及相关工具，有图解的，很简单的，一看就懂的，马上就能用的，后来发现这类书大部分是日本人写的。所以我一直有个心愿，想写一本结构清晰、流程简明、设计新颖的图解工具书，其内容易学、易记、易用，不只是逻辑思考，还要包括职场的核心能力与技巧，每个技巧都可以单独使用，也能够整合运用，正是在这个想法下，我开始了这本书的写作。

写这本书之前，我先问了自己两个大问题。

➤ **什么是职场核心能力？**

在过去近 30 年的工作经验中，我观察到职场人感到最苦恼的情况有以下几种：

1. 事情特别多，脑子一片乱——这是"**思考力**"待提高。
2. 讲话不清楚，上台会紧张——这是"**沟通力**"待提高。
3. 竞争好激烈，目标达不到——这是"**销售力**"待提高。
4. 市场在何处，优势在哪里——这是"**企划力**"待提高。
5. 上面讲不清，下面搞不定——这是"**领导力**"待提高。

造成这五种情况的主要原因就是思考、沟通、销售、企划、领导能力不足，因此本书就以职场五力为主要架构依次展开。

➤ **本书讲的职场五力有何不一样？**

"市场上很多同类的书，网上免费知识一堆，你们也上过不少类似的课，本书讲的东西有什么不一样？"这是我常常问自己的问题，后来干脆直接问我的学员，他们的回答，让我更清楚自己的教学定位。

学员们的回答是这样的：

平常看过很多书，网上免费的知识也很多，上过的课更是不计其数，但那些知识都是片面的，未经过有机整合，甚至彼此混淆，所以能在工作上用到的并不多。陈老师的课程能帮我们把已知或未知的碎片化知识，作全面的整合。

陈老师能提供高效好用的模型及图形，直接跟着用，马上就能产生效果。

陈老师实战经验丰富，给我们起到的是顾问作用，不只是培训作用。

这些都是非常宝贵的课后反馈，我把学员这三大需求，设定为个人教学三大定位，也就是本书的三大特色——**整合、高效、实战**！

一、整合

根据诸多经典理论与实践认证，以及我近 30 年工作的实战经验，将职场最核心的五力架构整合如下图。

图 1　职场五力架构

思考力及沟通力是职场人都需要的基本能力，当具备这两个基本能力时，就要植入垂直核心能力：销售力、企划力及领导力。当然，如果是其他工作岗位，就要植入与该岗位相关的核心能力。

关于职场五力，《刻意练习》这本书的作者指出成功人士与一般人士的最大差别，就是成功人士会大量地进行刻意练习，并形成系统性心智表征。所谓心智表征，就是当我们在面对某些事物或一系列信息时，出现于脑中的具体全貌。例如围棋大师下围棋时，他所想到的不是一步步的棋子，而是一局局的棋谱；著名导演在工作时，他所看到的不是一出出的演出，而是一幕幕的故事；顶尖演说家在演说时，他所说出的不是一句句的台词，而是与观众一段段的互动。

当我们针对职场核心能力进行大量的刻意练习时，就会建立起属于自己的心智表征。所以我把这本书的核心技术——**职场五力实战 50 技**，做成一张完整的思维导图（图2），也可以说是职场核心能力的心智表征，只要认真刻意练习，吸收它，活用它，在职场上一定所向无敌。

要特别指出的是，这50个技术既可单独使用，也可以整合运用，因此在沟通力、销售力、企划力、领导力这四个单元，我就各章所属的技巧加以整合示范，让读者进一步体会技巧整合的强大威力。

二、高效

本书介绍的50个专业技术，内容包括：结构、流程、技术、一句诀、工具、目的、说明、案例和总结。一个技术搭配一个工具，都是经过精心编排，以模型或模块的方式呈现，保证读者快速上手，随手可用，更有利企业迅速导入，进而产生绩效。

三、实战

一本好的工具书，一定要回到实战的角度，而回归到实战，就必须要有技术工具与职场角色的对应学习，才容易吸收并运用。本书的组成规划为**50 个技巧×36 角色**，书中 50 个技术工具由五力中的思考力、沟通力、销售力、企划力、领导力展开；并将职场人物分列为 36 个角色，依主管、销售、企划等九大类展开，以一张"**职场五力学习索引表**"拉页完整呈现，方便读者迅速切入与自己最相关的学习内容，实时体验与应用。

有关 36 个角色配置，由于职场上分工不同，角色众多，很难在学习索引表中一一列出，因此我提供另一角度作为学习参考：

如果你是讲师，需要了解讲师的市场行情及参与企业访谈，就必须具备企划、销售、顾问等角色所需要的技能；

如果你是工程师，但要经常跟着业务员去推动生意，那你就得具备销售人员的技能；

如果你是律师，开了一家律师事务所，就要参考当负责人所需要的技能；

如果你是个全职妈妈，经常去菜市场采购，或经常要教育儿子，就要学会谈判技巧。

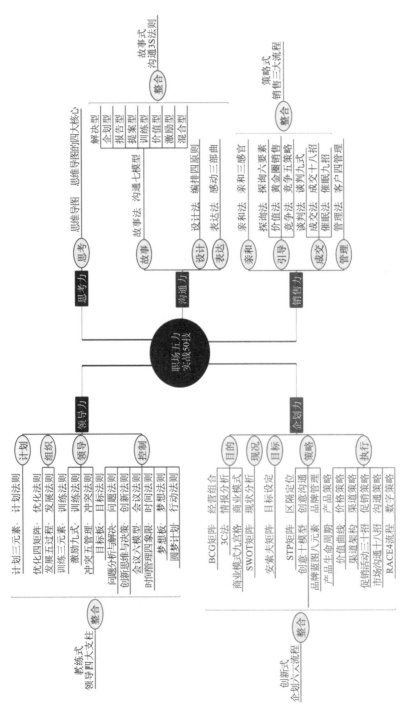

图2 职场五力实战50技

从另一种角度来看，这本书也可以在你转换职场跑道时，为你提供最快速的职场核心能力补给。

此外，本书是以实战为主线，在每一章的最后都附有实效见证专栏，各邀请六位学员分享他们的学习经验及收获，不论其职位高低，每位都是实实在在听过我的课，并且真正落实在工作上的受益者。建议读者在使用这本书时，可以采用守、破、离的学习方法。

守：熟悉模型，学习既有模式，熟悉本书所建议的技术及工具。

破：突破规范，加入个人思考，应用在自己所属的行业与角色。

离：自成一体，建立个人风格，产生出自己的职场实战好技术。

第一章

思考力

整合式思维导图的

四大核心

思考力如同一部手机，如果手机内存不够，再多的 App 也没用。

思考力是职场人最基本的能力，本书中所强调的职场五力——思考力、沟通力、销售力、企划力、领导力，便是以思考力为基础，有了强大的思考力，才能再向上攀升。

本书是以技术工具为主，当然先介绍思考力的最佳技术是什么？答案就是：**思维导图**。

至于为什么称为"整合式思维导图"呢？因为思维导图最强的能力就是整合，尤其是在当今信息爆炸的时代。

高中时代，我是个武侠小说迷，而我最爱的一部武侠小说是金庸的《倚天屠龙记》。故事的主角叫张无忌，他小时候因为中了玄冥二老的寒冰掌而身中寒毒，必须长年依赖师公张三丰的内力，才能抵抗致命的寒毒。一个偶然的机会，张无忌学会了九阳神功，由于打通了任督二脉，体内的寒毒竟不治而愈，甚至几个时辰就学会明教神功——乾坤大挪移，之后更在瞬间学会张三丰的太极拳，这一切的一切，全都要归功于九阳神功。

思维导图就像是职场的九阳神功，学会了思维导图工作法，就能迅速提升职场能力。

我刚进惠普公司的时候，绩效不好，屡屡被主管警告，甚至被告知是可能被裁员的对象。于是我开始大量投资自己，上过的课程包括思维导图、快速记忆、高效简报、NLP神经语言程序学、顾问销售、策略销售、创新企划、高效会议、时间管理、项目管理、教练领导等等。

上完这些课之后，我的思考力逐渐变得强大，沟通更有效率，销售屡创佳绩，企划完整到位，向领导汇报也能应对自如，最后还获选为"惠普全亚洲最佳经理人"。我说这些并不是要夸耀自己的能力，而是想告诉读者，我是如何从低谷爬出来，变成一个有自信、有能力的人。

我想要跟大家说："人的一生是可以通过学习逆袭的。"而在我所学的诸多课程中，第一门课便是思维导图，也因为有了思维导图的内力，进而在学习吸收其他课程时，也变得简单容易了，所以才说思维导图是职场的九阳神功。

在本书中，第一个介绍的技术就是思维导图，目的也是先让各位学会"九阳神功"，之后就能很快把我另外49个技术"乾坤大挪移"到自己身上了。

01 思维导图

工具▶▶思维导图（思维导图的四大核心）

目的▶▶运用思维导图，强化思考与学习的能力

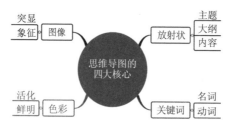

图 1-1　思维导图的四大核心

　　思维导图是 1974 年由英国学者东尼·博赞提出的全脑式学习法，以思维导图作为"动态"处理信息主要工具，提升大脑思考与学习的效率，能够整合各种想法以及彼此之间的关联性，做一个架构性的视觉呈现。目前全球有超过 2000 家以上的跨国企业将思维导图应用到工作流程，并证明其高度的有效性。

　　要画出一张思维导图并不难，操作前最重要的是必须了解**思维导图的四大核心**，分别是放射状、关键词、色彩、图像。

一、放射状

　　思维导图的整体性是通过"放射状"所构成的，因为放射状思考跟人脑神经元所呈现的放射状连结，有相似的运作，所以放射状思考就是最有效的思考模式。

　　思维导图的放射状思考，由内而外，可分为"主题""大纲""内容"三个层次。只要大纲出现，后续的开展也就跟着出现了，正所谓纲举目张。但问题是大纲不好举，很多学习思维导图的人，最难突破的就是大纲，也就是分类这一环。在此特别提供七种常用的大纲模型，方便读者根据个人实际状况自行组合变化。（本书所介绍的 50 个技术也都是以大纲和模型的方式呈现）

图1-2　思维导图七种常用大纲模型

类别：类别属性，以事物类别分类。

内容：事物内容，以相关内容分类。

章节：段落章节，以文章段落分类。

时序：发生时序，以时间先后分类。

步骤：动作进行，以步骤流程分类。

人物：人物角色，以人物角色分类。

事件：5W2H（What，Why，Who，When，Where，How，How much），以事件的本质分类。

这七种常用大纲模型。只要掌握每一个模型的内涵，再进一步自行变化即可。例如：时序可用于记载事件发生的先后顺序，人物亦可用在历史故事的说明。当然，读者也可自行思考或任意组合。

二、关键词

关键词以名词为主、动词次之，因为名词及动词较能具象，例如"苹果"，读者看到这个关键词，脑中会出现苹果的图像，而图像会加强记忆。副词或者形容词没有具象，不适合用来当关键词。比如"非常""高兴"。

三、色彩

色彩的主要功能是让思维导图活化及鲜明化，可依个人感受选择，但由于人类对颜色仍有某些共识，了解颜色的基本规则，有助于对色彩的感受掌握。而关于颜色的基本规则，通常代表不同的意义：

- 黄色——正面乐观；
- 红色——情绪感受；
- 蓝色——程序规则；

- 绿色——创意思考；
- 白色——客观事实；
- 黑色——负面否定。

四、图像

为思维导图中的某些关键词加上图像，可使其被突显及象征，更能强化对内容的记忆效果。

接着就用下面这张主题为"组织角色与职务"的思维导图示范说明：这张思维导图是套用前面第六种大纲模型，以人物角色（主管、企划、业务、公关、财务、稽核）分类，拉出大纲主干，然后延伸出内容支脉，整体呈现**出放射状**，文字都是简单的**关键字**，**色彩**使用也依照六项思考帽规则。其中"定位"是本年度最被强调的职责，所以加上**图像**突显，整张图看起来是不是变得很简单易懂呢！

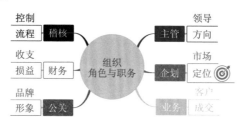

图1－3　组织角色与职务

如何画出一张思维导图

思维导图的绘制，分为手绘和计算机软件绘制两种，手绘的好处是直接且方便，缺点是修改起来比较麻烦，无法编辑及移动，建议使用计算机软件绘制思维导图，才能快速处理、编辑、联结、合并，并进一步做知识管理与分享。

在此我推荐一套功能强大的思维导图软件Xmind，包括手机App，其操作很简单，读者可参考孙易新老师所写的《案例解析！超高效思维导图法入门》，里面有很详细的说明。

一般来说，当我们摊开一张白纸，或打开一个空白页面绘制思维导图时，启动的运作模式主要有两种：

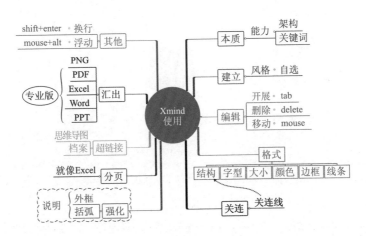

图 1-4 Xmind 使用说明

一、快速构思

就是将脑子的东西拿出来，可应用在旅游计划、采购计划、一周计划、工作计划、沟通准备、简报结构、销售计划、营销计划、领导计划、会议管理、问题分析、创意思维、活动准备、梦想设定等任何需要由大脑提取的思考。（本书所有模型都是思维导图快速构思的延伸应用）

二、速记摘要

就是将东西放进脑子，可应用在文章摘录、样册摘录、演说摘录、影片摘录、新闻报道、培训笔记、会议记录、快速记忆、考试准备等任何可以被摘要、归纳并放入大脑的应用。

思维导图的使用案例不胜枚举，在此就两种属性各举两个案例示范说明，其中案例❶自我介绍、案例❷应征面试属于快速构思，案例❸公司介绍，案例❹读书分享则是速记摘要。

[案例❶] 自我介绍

我以前很害怕做自我介绍，常常不知道该从何说起，自从学会了思维导图法，只要一张白纸，三分钟便可以上阵，并侃侃而谈。

画自我介绍思维导图时，主题就写上自己的名字；分类大纲最具代表的就是"职业""爱好""梦想"；再由大纲往下顺势展开内容，职业分为"以

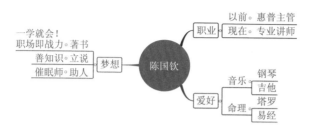

图1-5　思维导图法介绍陈国钦

前"与"现在"，爱好分为"音乐"与"命理"，梦想分为"著书"、"立说"、"助人"，然后往下展开所有内容。

开始做自我介绍时，脑中必须牢记这张思维导图，并运用水平式沟通技巧。所谓**水平式沟通**，就是将同一水平层次的大纲，职业、爱好、梦想，先行传达。先行传达的用意是做抽屉，只要建立起这三个抽屉，受众便很容易进行之后的收纳。

示范如下：

我是陈国钦，今天跟各位做自我介绍，分三个项目：职业、爱好、梦想。

在职业部分，分为以前和现在，以前是惠普主管，现在是专业讲师。

再来谈谈爱好，爱好分两个，音乐跟命理，音乐我会钢琴和吉他，此乃民歌歌手必备乐器，命理我会西方的塔罗牌及东方的《易经》。

接着谈谈梦想。我的梦想分为三个，著书、立说、助人，著书的梦想已经达成——《一学就会！职场即战力》，接着就是要去立说，到处传播有价值的知识，这就是我目前正在做的事情，最后我希望将来可以当一个催眠师，帮助人们重建受伤的心灵。

一般讲完之后，学员都可以很轻易地重复我自我介绍的内容。简单来说，**思维导图+水平式沟通，可以让人很快记住所讲的内容。**

[案例❷] 面试

其实面试就是自我介绍的延伸，只是当你在面试时会有人在旁边打分数而已。

我有一位在金融业工作的学员，因为觉得工作很苦闷，把赚的钱全都拿去旅游。我跟她说，有一种职业不用花钱也可以环游世界——导游，后来她考取了导游证。但导游如果没有挂靠旅游公司，就几乎没有旅游团可带。于是，她去国内一家很知名的旅行公司面试，就在开始面试前的一个小时，她打了一个电话给我，以下是我们之间的对话：

学员：陈老师，看情况我应该不用考了，600人只录取6人，1%的录取率，比公务员考试还难，而且我只是个新人，每个对手都身经百战，带团无数，其中还有退休医生、法官、律师、教授等一些强劲对手，我还要面试吗？

我：没拼，怎么会知道输赢？

学员：那老师您教我如何面试，好吗？

我：这样吧，你告诉我你的三个强项。

学员：我的强项应该是热情、健康、努力。

我：可以把这三个强项讲得详细一点吗？

学员：热情——我每年都到中国西藏、尼泊尔或印度去做藏传义工；健康——我可以连踩3小时飞轮，在西藏6000米高山，血氧饱和度90%；努力——我靠自己努力苦读，考取了12张证件。

我：我把你刚刚讲的话，画成一张思维导图给你，我现在讲一遍给你听，你等下进场就照着讲。

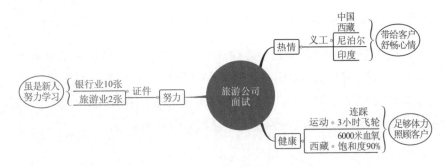

图1-6　旅游公司面试的自我介绍

这张思维导图主题是"旅游公司面试"，以学员的三大强项"热情""健康""努力"做为分类大纲，然后顺势往下展开内容，热情部分谈义工，健康部分谈运动与西藏，努力部分谈的是取得12张证件的学习表现。

关于水平式沟通，在上一个案例自我介绍已做过说明，在此就直接示范：

我是陈××，首先感谢公司给我面试的机会，我想告诉各位主考官录取我的三个理由，就是热情、健康、努力。

我是一个很热情的人，每年都会到中国西藏和尼泊尔、印度去做义工，我希望通过我的热情，带给贵公司客户最舒畅的旅游心情。

身为导游，健康很重要，我可以连续踩3小时飞轮，而且我在西藏6000米海拔的山上，血氧饱和度仍可以维持在90%，人家还以为我是西藏当地人呢，有这样健康的身体，才有足够的体力来照顾客户。

我靠自己努力苦读，考取了12张证件，银行业10张、旅游业2张。我虽是新人，但我愿意努力向资深导游好好学习，以备将来为贵公司效劳。

以上，是贵公司为何录取我的三个理由，谢谢各位主考官给我面试机会，感谢！

事后，她满怀激动地打电话跟我说，她被主考官当场录取，因为主考官很欣赏她面试的内容及表达，顺畅又好记。所以，思维导图也可以帮助学员圆梦成功，这就是一个快速构思的即战应用。

[案例❸] 公司介绍

前面案例❶的自我介绍是一种快速构思模式，信息是从脑子里拿出来；而公司介绍则是一种速记摘要的模式，因为要把公司信息放进脑子里。

我是太毅国际顾问的专职讲师，常常要对外介绍所属公司，就以太毅国际来做个示范。首先，画出官网中关于公司介绍的关键词：

以创造人对于改变的热情为愿景，致力于全球人才创新、客户体验和对组织需求的洞悉。在巨变的时代，我们以"引领企业到达下一个理想层次"为使命，并深信"学习"能够带领企业预见趋势，进而推动改变的进程。

热情、创新、坚持、顾客导向、团队合作是我们的核心价值，在不断推移、转折的新经济时代，这些价值确保了我们与客户的合作，能够利用新的思维和技术，提升自己角色的重要性，成为企业的战略伙伴，掌握新的市场机会。

　　全球化的解决方案支应体系，汇集全球智慧，我们满足客户在企业竞争力与人才领导力两大核心领域的发展，在遍及全球五个地区与七个营业据点的支持下，将洞察企业的影响力、战略咨询的分析能力和制度蓝图的规划力融为一体，结合不同领域的领导力专家、组织研究者、品牌战略家、策略管理家以及人才发展家，一起在第一线共同努力，以实现我们成为世界上最受认可的创新企业管理顾问公司。

（以上内容摘自太毅国际顾问股份有限公司官方网站）

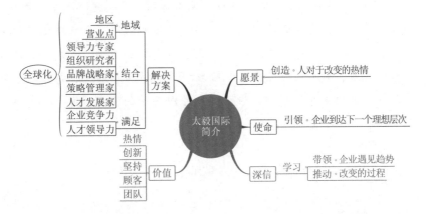

图1-7　太毅国际顾问股份有限公司的介绍

　　画出思维导图架构：以"太毅国际简介"为主题，根据官网文字介绍拉出"愿景""使命""深信""价值""解决方案"作为大纲主干，再往下顺势展开相关内容支脉。如此一来，用很少的文字便将大段的公司介绍，以思维导图整理而成，大大提升了记忆效率。

[案例④] 读书分享

　　我曾受邀为图书《催眠圣经》做一场分享，这时候就要用到思维导图速记摘要的功能，把主要文章内容浓缩成思维导图放进脑子去，到时才能顺利分享给读者。

　　同样，第一步先找出《催眠圣经》中的关键词，然后着手绘制思维导图：

1 询问解疑：了解被催眠者的动机与需求，询问他对催眠既有的看法，解答他有关催眠的疑惑，确定他知道催眠时会有哪些事情会发生，而没有不合理的期待。很多时候，催眠师可能要花点时间做个催眠简介，因为大多数人对催眠的了解很少，而且大部分是误解。

2 诱导阶段：催眠师运用语言引导，让对方进入催眠状态。一般而言，常用的诱导技巧有渐进放松法、眼睛凝视法。

3 深化阶段：引导被催眠者从轻度催眠状态，进入更深的催眠状态。常用的深化技巧有数数法、下楼梯法。

4 治疗阶段：视被催眠者的需求来治疗，催眠师需要相当好的心理治疗背景，最好在宗教、哲学层面也有所涉猎。

5 解除催眠：让被催眠者从催眠状态回到正常的意识状态，确保他对整个治疗过程保有清楚的记忆，适当给予催眠后暗示，帮助他在结束催眠后，感觉很好，并且强化疗效，通常以数数法为主。如果个案不排斥灵修的东西，我个人习惯在这个阶段引导对方做个观想，想象有一颗水晶球或太阳出现在他眼前，为他补充源源不绝的能量，再以数数法引导他清醒，效果十分明显。

（以上内容摘自廖阅鹏老师所著《催眠圣经》一书）

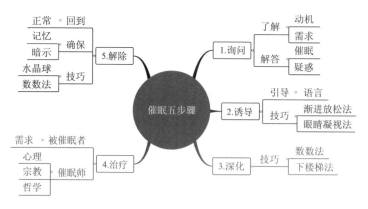

图 1-8 "催眠五步骤" 示意图

这张思维导图主题就是"催眠五步骤"，套用章节大纲模型，以文章段落分类为"询问""诱导""深化""治疗""解除"，并往下顺势展开相关内容支脉。单单只用一张图，就把原文浓缩成很少的字，分为五大类，既清楚又容易记忆。

很多学生学不会抓关键词，不会画思维导图，问我该怎么办？我的回答是：只有刻意练习，别无他法。

在职场或日常生活中，随手拿起一张白纸，先定出主题，然后试着做分类大纲，之后开展内容；或先有内容，再往上想出大纲也可以。久而久之，你就会发现原来画思维导图如此简单！

我们在日常生活中，常会听到水平思考、垂直思考、创意思考、设计思考、图像思考、决策思考等思考模式，以及鱼骨图、树形图、流程图、清单图、亲和图、关联图等思考工具。其实以上种种，都是思维导图的变形与呈现而已，所以思维导图就是思考的本质，好好练习思维导图，其他的思考相关技能就会自然产生。

【思考力实效见证】

用对方法，也可以是资优生

一个南部乡下腼腆的小孩，从计算机公司业务员，一路升到外资公司资深副总；从一开始拿不到订单，到成为创下百亿年营业额的百亿达人。我亲眼见证陈国钦在学习思维导图后的蜕变，就像破茧而出的蚕蛾，打通"任督二脉"，做事变得更有效率，无论在职场或生活中，都充分展现他的才华。

我们家的双胞胎儿子，哥哥从小学习就比较吃力，功课样样不理想，后来跟他爸爸学习思维导图后，学会如何有效架构知识及准备考试，从此智能大开，小学四年级报考"卓越杯"数学大赛，就荣获"优等奖"；上中学也顺利考进资优班；高中会考竟然是全班第一名。

记得我有次要到国外出差，正在房间整理行李时，弟弟从门缝递进一张纸，我拿起来一看，是用思维导图画的出国必带物品，小朋友用思维导图来表达他的贴心，多么温馨且令人感动。

儿子的学校曾邀请陈国钦去和学生们分享思维导图，演讲前一晚，父子三人挤坐在客厅沙发上，一起盯着计算机屏幕，比手画脚地用思维导图讨论简报内容……看到那一幕父子互动的场景，我感到非常欣慰和动容。

想不到学习思维导图，除了可以帮助小孩念书，还能促进亲子关系，原来思维导图已深入我们生活中，随时随地都能运用得到，是一种随身可以带着走的竞争力。

——某航空公司　公关室经理

黄尤欐

星探，就是要发掘最好的讲师

太毅国际主要从事企业人才发展与教育训练整合，是中国最大的训练顾问公司之一。身为这家公司的总经理，除了要带领团队达成绩效，更要为企业挑选最优秀及最合适的老师。如果把老师当成艺人来看，我的另外一个工作就是"星探"。

3年前，我获知有一位资深的外资高级主管即将转换跑道当讲师，在第一次与国钦老师见面时，他当场以很简明、扼要、清楚的方式，说明其课程设计与效益，他的热情及丰富的业界经验，给我留下了深刻的印象。随后安排他到公司试教授课，授课中，展现独到的思维导图应用及精心设计的模块表单，循序渐进的引导，幽默活泼的互动，获得太毅同事的一致赞许，当场就决定签约，成为太毅专职的品牌讲师。

一开始先安排一家知名金融业的整合企划课程，完全没有授课经验的国钦，竟有高达99.6%的客户满意度。整合定制、高效模块、立即可用，是企业一致的反馈，之后更有很多企业将国钦的职场五力列为必修课程。最重要的是，太毅同事也把思维导图作为思考沟通的工具，并把他的销售及企划课程当成公司营运参考工具。

国钦之前写过一本《职场五力成功方程式》，这本书就是他授课近千场的行业经验及进阶实战版，含金量高，实用性强，想在职场中如鱼得水，就靠这本超级工具书了，郑重推荐，值得收藏！

——太毅国际顾问股份有限公司 总经理

王淑苓

金融界高级主管，也需要统整与进化

熟读《论语》等四书五经，懂得古人做人处事道理；而熟读《一学就会的思维导图工作法》，应用得当，您将可以在职场过关斩将，成为职场大赢家！

在人工智能即将颠覆过往商业模式，跨业竞争即将替代原本属于您既有利益的时代，不管您现在的职位如何，都该具备思考力、沟通力、销售力、企划力、领导力，才可能在职场轻松胜任，事成人爽。

国钦老师拥有丰富的实战经验，这本书将其过往成功实战经验归纳分析，条理分明，化繁为简，好比是教您如何运功发招的武功秘籍，在此感谢作者的指导，令我受益良多！

——某证券公司 副总经理

黄烽旗

关怀生命，宣扬价值

2018年3月，我们第一次邀请陈国钦老师到公司授课，在他生动有趣的简报技能课程中，接触到思维导图的概念，以及如何应用在策略简报及整合

五力，并且深刻运用在职场中。这堂课广受学员好评，之后陆续加开两场国钦老师的课，让同事们都能学到这个在职场上非常受用的工具。我个人也全程参与其中一堂，并从课堂中收获心得，总结出同事在面对困难时，寻求解决方法的思考模式与共通的语言。

这个工具，带给同事间正向的能量循环，除了快速解决问题外，更为公司创造更多的价值。国钦老师把他的所有技术都公布在这本新书当中，肯定非常精彩，值得郑重推荐。

——某公司　总经理

邱建智

广播人也需要的高效说话术

我从事广播主持工作 25 年，带状节目型态让我一天要访问的嘉宾最多达到 6 位，有时常常来不及消化资料就要进行采访，所以一直都在追寻着不要太努力就可以简单整理重点的方法。

3 年前，第一次看到国钦哥在《职场五力成功方程式》一书中介绍道："思维导图是种懒人成功术，可以改变工作者思考与做事方式，让大脑 CPU 从一台变四台。"心想，这真是太适合我了，马上就邀请国钦哥到节目中分享。访问之后，又向国钦哥请教了更多技巧，学会在短时间内将所有重点在脑中整合后立即表现出来。从此，思维导图帮助我在访问嘉宾、演讲、教学、主持活动上省下很多记忆资料的时间，同时也提升了我的逻辑思考力与记忆力。

思维导图简单好用，将烦琐的重点视觉化，帮助记忆，如果高中时期就有人教我思维导图，大学应该就不用重考两次了。运用在工作上，它帮助我在开会时将不同类别信息迅速整合，在个人及团队的时间管理上也大大提升时间效能。

国钦哥从外资公司高级主管到思维导图的教学推广，帮助到无数在职场卡关的人，让我非常敬佩，常常向他请教，每次见面他总是散发着专业的自信，无私地与我分享，《一学就会的思维导图工作法》是一本含金量很高的工具书，有许多实用的方法，化繁为简，让你在工作中可以持续燃烧激情。

——某电台节目制作、主持人

宛志苹

创新思维，原来跟高铁一样快

记得 10 多年前，第一次接触到思维导图时，粗浅的直觉——它不过就只是和树形图或鱼骨图类似的思考方式。但直到两年前，因公司内训课程"职场五力成功方程式"的缘故，认识了陈国钦老师，通过老师在课程中讲述的各种思维导图模型实战应用，心里才真正发出"哇!"的一声，原来思维导图的应用可以这么广泛，不论是问题解决、简报构思及活动企划，甚至是人生梦想都可以通过思维导图轻松建构成就。

后来又续邀老师来帮内部讲师讲授如何用思维导图高效备课，这一次我不是主办人，而是学生的身份，用老师的思维导图培训模型——设问、激励、技术、启动，让我在 20 分钟内就架构出一堂"不能没有你"的电话礼仪课程：

· 口诀：不能没有你，

· 来电"不"慌张，接听"能"沟通，

　转接"没"遗漏，结束"有"礼貌，

　"你"就是繁花盛开的理由！

没有思维导图，或许人生还是会继续平凡地走下去，但懂得学习应用思维导图的你，相信一定可以为自己的人生创造更多的美好色彩。

——某人力资源部门主管

吴羿慧

第二章

沟通力

故事式

沟通 3S 法则

擅于沟通的人是职场的魔术师，随时会变出奇迹。

过去我大部分时间，都是代表中国台湾分公司向惠普亚洲总部做营业绩效简报，因为经济不景气，再加上移动设备高度成长，打印机市场受到重大冲击，经常处于低绩效状态，因而常处于临渊深壑之中，正好锻炼我的简报技能。

换个角度来说，领导可以接受你数字不好，但无法接受你不知道发生什么事，更无法接受你不知道该怎么办。所以在职场上常会被问到**What's your story？** 由于我懂得说故事，关关难过关关过，因此只要会说故事，在职场几乎所向无敌。

"说故事"是职场上很重要的三个字，包含说故事沟通、说故事简报、说故事销售、说故事提案、说故事培训、说故事营销、说故事领导等等，只要跟说故事沾上边的东西，就一定热卖。

有人问我："说故事很难吗？要练很久吗？我练得会吗？"

我的回答是："说故事非常简单，因为它是有公式的，只要照着公式说故事，三分钟就能学会说一个动人的故事。"

说故事的公式是什么呢？

别慌，我已针对职场中常见的说故事情境，开发出七个常用的说故事公式——**沟通七模型**。这也是我这几年授课，学员反馈最受欢迎的技术，甚至有学员专门打电话给我，说因为有了这个技术，让他从"职场小白"，迅速精进为职场上的佼佼者。

上一章思考力，运用的技术是思维导图，目的是**让人记住**。而这一章沟通力，主要技术是沟通七模型，目的是**让人感动**，而把思维导图融入沟通七模型中，便是要大家学会让人记住又感动的沟通技巧！

一个真正强大的沟通者，不仅要会说故事，还要会设计简报，更要有动人的表达能力。所以整个故事式沟通力，就是**沟通 3S 法则：Story（故事力）、Sense（设计力）、Show（表达力）**，思维导图的呈现如下

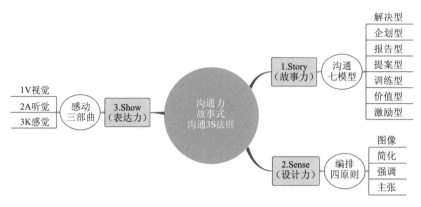

图 2-1　沟通 3S 法则

一、故事力

指架构逻辑模型，也就是"沟通七模型"。

图 2-2　沟通七模型的内理和外感

沟通七模型中，三个对内（理性），四个对外（感性），指的是该模型偏重程度，并非绝对。例如训练型有时也会对内。这七种模型，可以说是七种情境、七种模式，会因人、因事、因时、因地，产生不同的效果，且内容又会有相互参考及组合，进而发展出混合型，威力无穷，读者可细细品味。

另外，所有的有效沟通，特别是一场简报，或是一对多的演说，还要有引人注目的开场及强力的结尾才算完整。

完整的沟通结构如下图：

图 2-3　沟通七模型结构图

从这张沟通架构图可以看出，**完整的沟通结构需要有三个支架：开场、骨干、结尾**，开场是要吸引注意，骨干是铺陈内容，结尾则是为了强力启动。

骨干也可称为**故事线**，在本书指"沟通七模型"的任一模型，可以自由变化；其下展开的段落，是指每一个模型的"锚点"，例如解决型有现状、问题、对策、目标这四个锚点，其他模型也一样，有几个锚点就有几个段落；而段落之下的内容，是每一个段落的垂直延伸。

"沟通七模型"在本章中会逐一详细说明，在这里特别将常用的"开场五式"及"结尾五式"，做简单说明及举例：

➤ **开场五式**

- **目的**：事先说明来意，让听众知道所为何来。
- **结构**：给出主题大纲，让听众建构收纳抽屉。
- **故事**：先说一段故事，让听众产生同理共鸣。
- **引用**：引用名人叙述，让听众参照引用权威。
- **设问**：利用简单提问，让听众思绪参与进来。

以上五式可以复选应用，但内容不要太多，免得开场冗长，效果适得其反。

➤ **结尾五式**

- **回顾**：针对主题大纲，让听众回忆收纳抽屉。
- **故事**：再说一段故事，让听众再度同理共鸣。

- **引用**：再引名人叙述，让听众再度参照权威。
- **金句**：给出强力金句，让听众感受强力结尾。
- **下一步**：课后启动建议，让听众将感动化为行动。

以上五式可以复选应用，但内容不要太多，免得结尾冗长，结束得不够利落。

二、设计力

指简报版面设计，就是"编排四原则"。

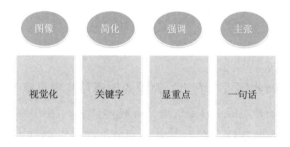

图 2-4　编排四原则

- **图像**：一图胜过千言万语，视觉化呈现，帮助观众理解。
- **简化**：用字力求简洁，简报就是简单的报告。
- **强调**：从海量信息中捞取重点，突显最需要被强调的部分。
- **主张**：让人知道你要讲什么，用一句话明确传达主张。

三、表达

指表达技巧，就是"感动三部曲"。

图 2-5　感动三部曲

人主要有三个接受器：视觉、听觉、感觉。所以专业的表达技巧，就是要在这三个主要感官中下功夫。

- **视觉（V）**

    眼神：专注坚定，彼此交流。

    仪态：自然表情，肢体放开。

    自信：充分准备，做你自己。

- **听觉（A）**

    全音：咬字清，逐字说清楚。

    正音：发音准，咬字要准确。

    吐字：加重音，语气要变化。

- **感觉（K）**

    同理：做同步，跟听众一致。

    换位：换立场，从听众角度。

    感情：要投入，让真情流露。

02 故事法——沟通七模型之解决型
工作就是来解决问题的

工具▶▶解决型

目的▶▶快速帮你架构思考，成为解决问题的高手

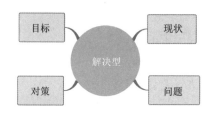

图 2－6　解决型

"解决型"是个超级好用的模型，因为工作一定会有挑战，有挑战就得想办法，工作就是在解决一连串的问题。有学员跟我说，仅这一个模型就让老板对他刮目相看，不仅重用他，还为他加薪。

解决型大纲为**现状**、**问题**、**对策**、**目标**。

- **现状**：说明目前状况，一定要具体，最有效的就是数字。

  例如→房子太小，只有 14 平方米。

- **问题**：什么样的问题导致现状的产生。

  例如→住房只有 14 平方米，问题出在薪水太低，买不起大房子。

- **对策**：什么样的对策可以处理掉问题。

  例如→既然薪水低，就想办法强化实力，把薪水提高。

- **目标**：跟现状一样，也是要有数字，有数字才能量化目标。

  例如→5 年内换一间 50 平方米的房子。

以对应性来看，"现状"与"目标"对应，"问题"与"对策"对应。

案例 ▶▶电梯惊魂记

有一天，我跟老板一同搭电梯，以下是我们当时的对话：

老板：国钦，为何第一季度绩效没有达到？

我：市场不景气，对手太强大，资源总不够……

老板：你以后如果再讲这样的借口，我就把你换掉！

（隔天，我主动去找老板，请他再给我一次机会）

我：报告老板，关于第一季度没有达成目标的议题，我在这里分四个面向跟您说明，分别是现状、问题、对策、目标。

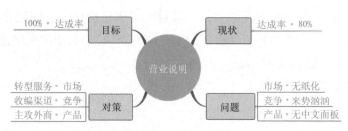

图 2－7　营业说明

- **现状**：目前中国台湾地区达成率是80%。
- **问题**：经过了解，主要有三个问题——市场、竞争、产品。
  - √ 市场：无纸化时代来临。
  - √ 竞争：竞争者来势汹汹。
  - √ 产品：无中文面板。
- **对策**：一样分市场、竞争、产品三个方面来提出对策。
  - √ 市场：转型为服务，不再卖盒子。
  - √ 竞争：收编更多渠道来对抗竞争者。
  - √ 产品：没有中文面板，先主攻外商公司。
- **目标**：第二季度使命必达，要冲达成率100%，但我需要50万元新台币的广告费支持！

老板：讲得很好，我支持你！

后来我老板套用解决型去对他的上级报告，也得到很好的反馈，所以日后就规定大家报告都用同一个模型，易思考、易理解、易沟通，如此一来，绩效自然会提升。

陈老师即战心法补帖▶▶

解决型的"问题"与"对策"相对比较复杂，各位是否想过，将问题与对策的下位阶固定。

最主要的差异，就是把"问题"与"对策"的第二层再度模块化。

一般在营业单位就是 **3C4P**：3C→Customer（市场面）、Competitor（竞争面）、Company（公司面）；而公司面可再细分为 4P→Product（产品）、Price（价格）、Place（渠道）、Promotion（促销）。

这样归类的好处是可以用 3C4P 来引导我们深度思考。

另外，既然它已经被模块化，一样可以被固定使用，方便记忆。根据我去各行业授课经验，职务角色的"问题"与"对策"，大概可模块化如下：

- 营销（Sales & Marketing）：3C4P
- 服务（Service）：人力—系统—沟通—流程
- 研发（R&D）：人力—机械—原料—流程
- 财务（Financial）：单位—系统—收益—成本
- 人力资源（HR）：选才—育才—用才—留才
- 主管（Manager）：计划—组织—领导—控制
  也可以依需求自行定义。

03 故事法——沟通七模型之企划型

企划就是工作的指南针

工具▶▶企划型

目的▶▶快速帮你构思工作计划或愿景展望

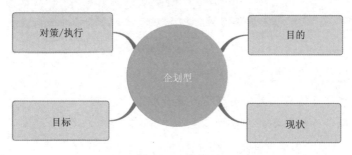

图 2 - 8　企划型

"企划型"也是职场上使用率极高的模型，简单来说，就是工作计划。如上图所示，其大纲为**目的**、**现状**、**目标**、**对策**、**执行**。（因为执行是对策的下位阶，所以把对策与执行放在同一区块）

- **目的**：长期的方向，就像北极星一样，是一个很明显的终极目标。一般是 3 年以上的长期目标。
- **现状**：目前的情况，一定要具体，最有效的就是数字。
- **目标**：短期的目标，相对于现状，必须有所成长。一般是 3 年内的短期目标。
- **对策**：什么样的策略可以达到目标。
- **执行**：什么样的行动可以支持对策。

案例▶▶一位工程师对幸福企业的展望

这是中国台北一家老字号计算机公司，员工加班及出差频繁，且普遍对公司满意度很低。我去授课的时候，就请员工们一起来思考如何让公司成为幸福企业，并鼓励他们把想法向领导报告。之后他们的对话如下：

员工：报告，关于如何成为幸福企业的议题，我在这里分五个方面向您说明，分别是目的、现状、目标、对策、执行。

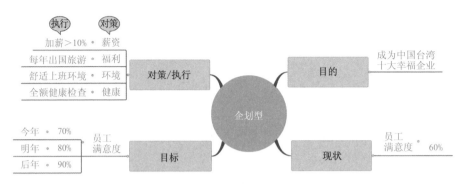

图 2 - 9　我与老板的分享

- **目的**：成为中国台湾十大幸福企业。
- **现状**：目前员工对公司满意度是 60%。
- **目标**：订出 3 年计划如下：

    √ 今年满意度 70%。

    √ 明年满意度 80%。

    √ 后年满意度 90%。

- **对策与执行**：从薪资、福利、环境、健康四个方面分别说明：

    √ 薪资：希望每年针对表现优良员工调薪 10% 以上。

    √ 福利：希望每年举办出境旅游一次。

    √ 环境：希望公司重新打造环境，目前过于老旧。

    √ 健康：希望公司每年全额补助员工体检，使大家能更健康地为公司打拼。

老板：你的分享很有逻辑及建设性，我会跟公司高层召开会议，赶快来启动这幸福企业的齿轮！

谁说工程师不会说话呢，只要经过训练，一样讲得很好！

陈老师即战心法补帖▶▶

跟解决型一样，企划型也可以进一步往下位阶模块化，不过要先探讨企划型态的分类：

（1）企业型：可分为经营企划型及投资企划型。

（2）商业型：可分为营销企划型、产品企划型、促销企划型、公关企划型、广告企划型、研发企划型、服务企划型。

（3）顾问型：可分为人力资源企划型、训练企划型、财务企划型、资管企划型、总务企划型、稽核企划型、活动企划型。

职场五力中，企划力的创新式企划五大流程，其实就是商业型营销企划的进一步开展。

◔解决型 vs 企划型

解决型：解决问题（关注在问题分析，并提供相应的对策）。

企划型：创新思维（关注在创新思维，并提供对策及执行）。

关于创新思维，除了这个企划模型，也可使用领导力中的"创新思维与决策"，让员工通过自由联想进行思考和讨论。

故事法——沟通七模型之报告型

数字好不好，跟报告好不好，是两件事

工具▶▶报告型

目的▶▶让你在报告营业绩效时，自信满满，就算业绩做不好，一样被称赞

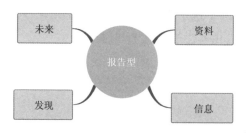

图2-10 报告型

我在担任产品经理和主管的时候，做营业绩效报告简直就是家常便饭，但是这个家常便饭可一点都不好吃，几乎每次都免不了要被责骂，而自从用了"报告型"模型后，我开始觉得报告营业绩效竟然成了一种享受。

如上图所示，其大纲为**资料**、**信息**、**发现**、**未来**。

- **资料**：整个工作绩效资料。
- **信息**：根据绩效报告，看到什么信息。
- **发现**：对于这样的信息，有什么深度的看法。
- **未来**：综合以上，提出未来。

案例▶▶*生意做不好，也会被欣赏*

某一年，我们整个亚洲地区业绩一败涂地，全部的主管都被叫去新加坡当面进行汇报。

问各位一个简单问题：数字不好，简报页数应该多，还是要少？

我觉得应该要少，免得被"炮轰"。但是到了现场，我看大家至少都做40页以上，而我只简单做了7页，心想这下恐怕不好过关了。

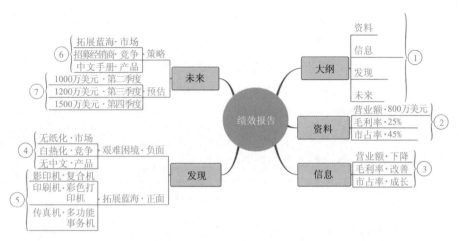

图 2-11 绩效报告

如上图，先使用报告型模型，把思维导图架构出来，并分配好页数，一般报告型的模型都会搭配简报呈现。

我：报告老板，关于今年台湾第一季的绩效，我的报告大纲将会分成四个项目，分别是资料、信息、发现、未来。

老板：OK，继续！

我：如您所见，目前第一季的产品线绩效如下：

● **资料**

    √ 营业额8M，目标10M。（M指百万美元）

    √ 毛利率25%，目标30%。

    √ 市占率45%，目标42%。

我：根据这个资料，有三个主要信息：

● **信息**

    √ 营业额下降，上年900万美元，当年800万美元。

    √ 毛利率改善，上年20%，当年25%。

    √ 市占率成长，上年35%，当年45%。

老板：OK，理解！

我：谢谢老板的谅解，接下来我就针对整个市场分析，跟您做进一步说明。

● **发现**

    绩效不好，主因有三：（先说负面的，把他的期望降低）

    √ 市场无纸化。

　　　　∨ 竞争白热化。

　　　　∨ 产品无中文。

　　但尽管如此，市场仍然有三大机会：

　　　　∨ 以数码复合机取代复印机。

　　　　∨ 以彩色打印机取代印刷机。

　　　　∨ 以多功能事务机取代传真机。

老板：很好，那你打算怎么做？

我：谢谢老板的称赞，有分析当然就会有做法及目标的预估。

● **未来**

　　未来第二季度的对策，主要有三个方向：

　　　　∨ 市场：全力开拓新蓝海大市场。

　　　　∨ 竞争：招募经销商加入销售行列。

　　　　∨ 产品：附中文手册，更方便用户。

我：基于以上对策，我将一整年营业额做了预估：

　　　　∨ 第二季度营业额 1000 万美元。

　　　　∨ 第三季度营业额 1200 万美元。

　　　　∨ 第四季度营业额 1500 万美元。

　　不管中国台湾市场如何萎缩，市场占有率就是要永远第一。

老板：真是太好了，休息两小时。请大家用国钦的格式，统一跟我汇报。

陈老师即战心法补帖▶▶

⭕回到思维导图

　　虽然是用简报方式呈现，但真正的基础，仍然是一张思维导图，只要思维导图架构一出来，整份简报也就跟着出来了。

⭕简报多不多，没那么重要；简报顺不顺，就很重要了

　　一场好的营业绩效简报，要的是**清楚的现状**、**真实的分析**、**有效的对策**、**大胆的目标**，其他都只会让领导越听越烦。7 页一样可以做出一份很完美的简报，谁说一定要 40 页呢？

　　另外，中国台湾的营业绩效一直很不稳定，领导并没有因为中国台湾做不好而怪罪于我，反而给中国台湾资源，让我们做一些市场测试，再把成功经验分享给其他地区。

05 故事法——沟通七模型之提案型

销售是一个改变他人认知的过程

工具▶▶提案型

目的▶▶让你在提案或销售时，掌握沟通与认知的进展，不再是简单地聊天

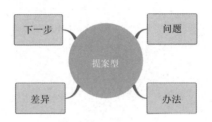

图 2-12 提案型

这里的提案，指的是一种推销，让对方接受你的想法，或采纳你的建议，也可能是一个买卖。如果有过类似推销的经验，你会有意识地去引导整个过程吗？相信大多数人是没有的，只是谈一谈，聊聊天，找机会卖东西就是了。但其实销售是有流程的。

如上图所示，"提案型"的大纲为**问题**、**办法**、**差异**、**下一步**。

- **问题**：倾听或引导客户目前所存在的问题，并往下指出可能会引发的后果，借以放大其影响。

  （一般至少要往下三层，例如：工厂生产慢→交货无法准时→被取消订单）

- **办法**：针对以上问题，提出客观的解决方案。

  （此时不要急于推销自己公司产品，以防客户产生戒心）

- **差异**：当客户接受了客观现实，再说明自己的办法跟别人有什么差异，凭什么要客户选择你。

- **下一步**：顺势提出下一步做法。

案例▶▶一次击败四位对手的经验

中国台北某家存储器大厂，每次举办培训，都要找三位以上的老师来做

评比。我想，既然自己是教销售流程的，干脆就当场示范一遍销售流程，效果应该会更好……请看以下对话：

客户：陈老师，能否请您说明这次销售课程的建议。

我：既然这堂课要教的是销售流程，我就现场示范一下，如何？

客户：这个想法很好，我们也可以当场感受有没有被您说服。

我：关于目前贵公司的学员状况，我分成四个方面跟您说明，分别是问题、办法、差异、下一步。

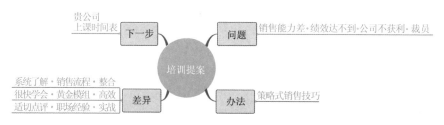

图 2-13　培训提案

如您所说，贵公司人员的销售能力差，而销售能力差就达不到好绩效，达不到好绩效就不会获利，公司不获利就可能会裁员，这是多么可怕的下场，对不？这是问题。

客户：您说得没错，那老师有什么建议给我们？

我：因为贵公司是以 B2B 销售为主，我的建议就是引进策略式销售技巧。这是办法。

客户：请问陈老师，您的策略式销售，跟别人的有什么差异呢？

我：以教 B2B 策略式销售而言，市场有很多的套路，陈老师的最大差异就是具备整合、高效、实战的能力，以下简单做个介绍：

√ 整合销售流程，让学员对销售有系统的了解。

√ 高效黄金模块，让学员对销售可立刻现学现卖。

√ 职场实战经验，让学员对销售能获得最佳指导。这些都是差异。

客户：这应该是我们学员要的东西没错！

我：下一步，请问贵公司这堂课程大概会落在何时？如果需要定制的话，可能要提前规划日期才行！

客户：看来就是老师您最适合我们了，我们内部会做个确认，再跟您敲定时间。

陈老师即战心法补帖▶▶

　⊃事前好好准备

　　拜访客户前，务必先把流程及说辞写下来，才能稳定有效地引导流程进行。

　⊃各个流程重点

　　问题：就是痛苦，这流程要你**听**。

　　办法：就是解药，这流程要你**说**。

　　差异：就是仙丹，这流程要你**比**。

　　下一步：就是服下，这流程要你**推**。

　⊃倒着想，顺着做

　　先把自己的差异（优势）想好，然后往前推出办法，之后再往前推出问题，用结果往前回推剧情，才是最好的做法。

　⊃提案型与策略式销售

　　策略式销售含三大流程及九大步骤，三大流程分别是亲和——引导——成交，提案型大概落在引导中，适用于简易销售。

06 故事法——沟通七模型之训练型

通过学习，翻转人生

工具▶▶训练型

目的▶▶快速帮你架构教学内容，成为教育培训高手

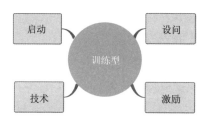

图 2-14　训练型

身为企业讲师，教学备课是一件很恼人的事情，自从我用了"训练型"模型备课，不仅速度加快许多，也符合授课的程序。

如上图所示，其大纲为**设问**、**激励**、**技术**、**启动**。

- **设问**：试着去问学员一些实际问题，开启他们的兴趣，并拉近与学员的距离。

  例如：你觉得做简报，最头痛的三个问题是什么？

- **激励**：告诉学员上完这门课的好处，或是举一些实际发生的例子，让他们愿意把心思专注在课程上面。

- **技术**：传承技术是培训最重要的步骤，而其授课，又可分为理论、案例、实作、点评。

- **启动**：培训最容易出现的问题，就是上课感动，下课不动。所以让学员课后动起来是一件很重要的事，一般是指派作业，但主管必须以身作则，带头使用，才有办法导入工作并产生绩效。

案例▶▶陈老师职场五力培训备课

一谈到备课，每当我感到千头万绪，不知从何做起时，就会拿出训练的模型走一遍，迅速帮自己稳定下来。举个我在做职场五力培训备课的例子：

我：请问各位同学，你们对目前的待遇满意吗？对于你们目前的工作还能胜任吗？

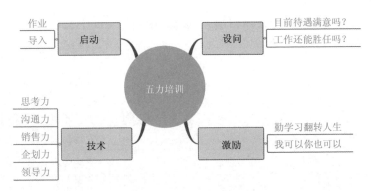

图 2 – 15　五力培训

学员：待遇当然不满意，也无法胜任工作，每天有做不完的事，开不完的会。

我：那你们想不想像陈老师一样，存点钱提早退休呢？今天老师就把过去在职场失败及成功翻转的学习过程，跟各位分享好不好？我做得到，你们一定也做得到！只要你们好好地把老师讲的东西放到脑子里面就可以了。

学员：好啊，非常期待。

我：接下来我们就来好好练习这职场五力的黄金模块。今天介绍的每个模块，老师会先讲理论、案例，接下来要各位进行实操，然后大家一起来点评。这样好吗？

我：谢谢大家今天的参与，课后有个作业请各位配合，将来希望各位能顺利导入工作，创造绩效！

陈老师即战心法补帖▶▶

培训当下有三个重点：让他愿意、让他参与、让他专注。

⊃让他愿意

想让学员乖乖听你上课，就要在激励这一环做足工夫，尤其是以自己或周围的人当例子，效果更好。

⊃让他参与

在教授技术这个流程中，会需要用到授课技巧，而授课技巧分为理论、案例、实操、点评四个步骤，每个步骤又各有其对应招式：

（1）理论：课堂讲授法、视听教学法。

（2）案例：个案分析法。

（3）实操：自我练习法、伙伴对练法、小组讨论法、角色扮演法、教具

演练法、体验实境法、游戏学习法、竞赛刺激法。

（4）点评：关键反馈法。

表 2－1　授课技巧

步骤	招式	优点	挑战
理论	课堂接受法	结构清楚，时间易控。	内容枯燥，缺乏互动。
	视听教学法	启动感官，吸收较强。	影片内容，需要寻找。
案例	个案分析法	实务鲜活，容易理解。	个案进取，主题连结。
实操	自我练习法	简单启动，人人练习。	缺乏交流，无法全顾。
	伙伴对练法	两两对练，彼此协助。	关系陌生，产生尴尬。
	小组讨论法	增进交流，气氛活跃。	操作耗时，有人凑数。
	角色扮演法	角色模拟，感受度强。	表演困难，不易控制。
	教具演练法	具象操作，控制流程。	开发教具，技术要高。
	体验实境法	实务体验，真实度高。	实境不易，限制较多。
	游戏学习法	寓教于乐，趣味性高。	容易发散，收心不易。
	竞赛刺激法	输赢比赛，刺激学习。	带来压力，易得反感。
点评	关键反馈法	学习吸收，促进内化。	实务经验，必须丰富。

▲授课十二招

我将整个授课技巧整理成"授课十二招"，并把其优点和挑战做成上面一张简表，提供各位参考。

其中最值得探讨的，就是实操八招。这是授课最需要注意的部分，要视学员（人）、课程（事）、时间（时）、场地（地）、教具（物），选择合适的实操方式。

所有的授课技巧，都是为了让学员更加专注，有效吸收。当你看到有些企业或对象，在进行静态学习时，他们专注地听讲、做笔记，或甚至当场在背诵，此时只要给予正面相关的操作即可，例如"给各位 3 分钟，谁能背下流程，老师当场送他一本书"之类的。要灵活操作，不要流于形式。

⊃让他专注

一般来说，人的专注力顶多 30 分钟，该如何持续吸引学员注意呢？方法就是**保持换档**，以下分别说明：

问答转换：〔问〕出问题，引发好奇；〔答〕开始动脑，自身相关。

收放转换：〔收〕讲师端——理论——案例；〔放〕学员端——实作——分享——休息。

左右转换：〔左脑〕理性，说逻辑；〔右脑〕感性，说故事。

培训效果可运用**柯氏四级培训评估模式**：满意评估、学习评估、行为评估、成果评估。

⊃满意评估

受训人员对培训项目的印象如何，包括对讲师和培训科目、设施、方法、内容、个人收获多少等方面的看法。

做法：在培训结束时，通过问卷调查收集受训人员对于培训项目的效果反馈，评估内容包括讲师的个人风格、培训内容、符合期待、授课方式、场地设备等等，作为将来改进的参考。通常要获得高满意度并不难，我有过多次满分的纪录。

⊃学习评估

测量受训人员对原理、技术等培训内容的理解和掌握程度。

做法：可采用笔试、实地操作和工作模拟等方法来考查。每个企业对这部分有不同看法，要看人事愿不愿意启动这个测验，有时受训人员不太愿意接受检验，一般我会用问答有奖的方式取代。

⊃行为评估

培训结束后，在一段时间内，由受训人员的上级、同事、下属或者客户，观察他们的行为在培训前后是否发生变化，以及是否在工作中运用了培训中学到的技术。

做法：要求受训人员缴回课后作业，并由讲师或主管给予反馈，或对其相关人员进行访谈。一般我会提供相关模型，以便课后进行作业练习及企业导入，甚至启动回训做企业导入协助，但这部分关系到企业主管们的决心，很多企业说培训没有用，其实关键是大都没有导入培训技术。

⊃成果评估

判断培训是否能为企业的经营成果带来具体而直接的效果，例如：营业绩效提升、客户满意度、员工离职率、生产合格率。

做法：行为评估须由导入来运作，而绩效评估便须由追踪来运作。经由一段时间的导入运用后，受训人员或主管必须去追踪是否有展现成果，这部分就是培训的最高境界了，须由企业主管、人事、讲师一起合作，才有办法达到。

07 故事法——沟通七模型之价值型

人们不买你做的,他们买你为什么做

工具▶▶价值型

目的▶▶让你找到事物真正的本质与价值

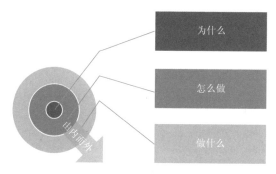

图 2 – 16 黄金圈沟通

TED 演讲有一段非常经典的演讲《伟大的领导如何激励行动》(How great leaders inspire action),主讲人西蒙·斯涅克身兼作家与激励演说家双重身份,他在影片中提到他著名的黄金圈法则,告诉我们具有启发性的领导力都以一个问"为什么"的黄金圈开始。而"价值型"的沟通模型,所使用的就是黄金圈法则。

如图 2 – 16 所示,黄金圈沟通,由内而外,共有三层:

一、为什么

指的并非赚钱,那是结果。它是一个目的、使命和信念,例如公司为什么存在?你每天为什么起床?别人为什么要在意你们的商品?只有少数公司能清楚阐明这点,然而真正吸引大家购买的理由,不是一家企业做什么或怎么做,而是"为什么"而做。

二、怎么做

有些公司知道怎么做好自己的工作,如专业流程、独特卖点等,大家通常用"怎么做"来解释为何自家产品或服务不同或优于其他事物。

三、做什么

无论规模大小或身处哪个行业，世界上任何组织都知道自己是做什么的，每个人都能说明公司提供什么商品，或自己在组织内负责什么工作。换言之，定义"做什么"非常容易。

案例 ▶▶为什么苹果公司会这么成功

以苹果公司为例，除了因知名度高、产品在各地受到欢迎，更重要的是，苹果正是说明"黄金圈法则"的最佳范例。如果苹果跟多数企业一样，他们的营销诉求应该就只会关注在 What 的层级，沟通模式会是这样的：

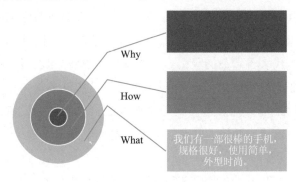

图 2－17　一般型沟通

我们有一部很棒的手机，规格很好，使用简单，外型时尚，想要买一部吗？

但苹果就是不一样，那些能激励人自发采取行动的领导者，无论组织规模大小、行业为何，每个人的思维、行为及沟通模式，都是<u>由内向外</u>。让我们再看一次，苹果的沟通模式会是这样的：

图 2－18　黄金圈沟通

我们所做的每一件事，都是为了要挑战现状，深信明天将会更美好。

基于这样的价值，我们的产品拥有最美的设计，而且简单又好用。

这就是苹果手机，一部最棒的手机，想要买一部吗？

这个例子证明，吸引大家购买的，不是你"做什么"，而是你"为什么做"。

陈老师即战心法补帖

在拜访客户之前，务必先把黄金圈原则写下来，才能稳定有效地引导流程。

另外，有个跟生活有关的黄金圈小故事要跟大家分享：

我很喜欢凡赛斯这个意大利服饰品牌，原因就是我对它的品牌故事深深着迷。创办人吉安尼·凡赛斯对古文明一直非常向往，因此用蛇魔女梅杜莎做为精神象征，代表着致命的吸引力，传说只要看她一眼，就会被石化。

早年我在职场打拼的时候，因为生活艰苦，甚至带着一点自卑，每次只要系上凡赛斯的腰带，就会感受到一股神奇的自信与魔力，所以我成了凡赛斯忠诚的粉丝，帽子、眼镜、领带、衣服、腰带、裤子、鞋子、碟盘、茶壶、抱枕……我都买了。

由于我认同凡赛斯的价值，所以这品牌不管推出什么产品，我都会买单，这跟"果粉"（苹果产品的粉丝的简称）是一样的道理。

当你把追求变成一种生活方式时，你的生命就会因此改观！

08 **故事法——沟通七模型之激励型**

正念就会出现奇迹

工具▶▶激励型

目的▶▶让你拥有改变他人信念的能力

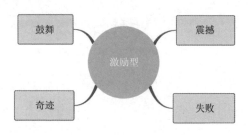

图2-19 激励型

每次去培训，我都会做一个调查："有谁是一大早吹着口哨，带着快乐的心情来上班的？"几乎没有人举过手。所以如何在百忙之中，激励自己奋发向上，是非常重要的。

"激励型"大纲为**震撼**、**失败**、**奇迹**、**鼓舞**，一般用在团队激励或大型演讲，是属于一种催眠式的激励演说。

● **震撼**：一开始就抛出很令人震撼的一件事或一句话，借以迅速让群众聚焦。

● **失败**：把自己过去的失败教训，说得很惨烈、很悲情，目的是为了和下一步的奇迹形成巨大反差。

● **奇迹**：把自己现在的成功经验，说得很灿烂、很伟大，告诉听众"我可以，你们一定也可以"。

● **鼓舞**：讲完奇迹这段，当听众正兴奋的时候，顺势做下一步的鼓舞推动。一般是要求听众改变行为或给予订单。所以当你遇到许久不见的好友，忽然很热情地来找你，请你跟他一起共创伟大事业，很可能就是他刚听完一场催眠式的激励演说，正热衷于启动行为的改变。

案例 ▶▶*所谓的演说天王*

我对超级演说一直保有很高度的好奇。真假不重要，重点是看别人如何营造气氛，改变他人的信念，甚至改变他人的行为，或是愿意花大笔钱参加培训。所以，接下来为大家破解一个自称亚洲天王的激励演说流程，相信看完后，每个人都可以成为激励演说天王！

场景就在上海一个可容纳 5 万人的场馆，站在台上的是一位金光闪闪、极有自信的演说者：

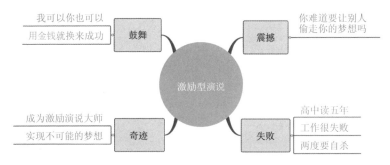

图 2－20　激励型演说

演说天王：你……难道要让别人偷走你的梦想吗？在座有梦想的人，举手让我看一下好吗？

（现场听众全部举手）

演说天王：很好，请跟你自己确认，大声说"Yes!"

各位也许不知道，我高中读了五年，摆过地摊、做过快递、送过外卖……我曾经自杀过两次，还问父母为什么要生下我？

（这时要搭配很悲情的音乐）

（许多听众眼眶泛泪，现场充满悲情氛围）

演说天王：我在想，我这么没有用的人，如果能在台北每月领个 4 万元新台币，贷款买套房，娶个老婆，生个小孩，就这样安安稳稳过一生就好了，没有名车，没有大房，也不用去旅游，最好也不要生病。大陆我连来都没来过，怎么可能有一天会在上海发展，更别说是办一场大型演说，这简直是痴心妄想！但是我做到了，我现在就站在各位面前，发誓未来要帮 1 亿中国人重建信心，获得成功的人生！

（台下听众拼命鼓掌叫好）

演说天王：现在，在座的各位，想成功的人举手让我看一下。举起右手，跟自己确认说"Yes!"就在今天，我们原本 50 万元新台币的课程只要 20 万元新台币就给了，但名额有限，只开放给现场 60 个想要成功的人。如果你想

成功，我数到三，请马上冲到舞台上，下一位成功的人就是你！（这时要搭配很震撼鼓舞的音乐）

（真的有很多听众争先恐后冲上舞台……）

陈老师即战心法补帖▶▶

激励演说者需要具备两个条件：

⊃高度自信

很多心灵成长类培训课程，大都是采用这样的招生模式。至于这类课程有没有效果，我很难下定论，但如果有人因此增加正念，或甚至获得成功，那就是有用。重点是演说者需要高度的自信。

⊃感情投入

这个激励模型之所以能说服人，就是加入了感人的故事，而故事来源可以是自己、别人、历史、名人、时事、电影，重点是要不停地练习，而且演说时感情要很投入。

09 故事法——沟通混合型

七式组合，幻化无穷

工具▶▶混合型

目的▶▶整合模型产生更大的应用与威力

沟通七模型各有各的使用时机，但其实要环环相扣，就像武侠小说《笑傲江湖》里，风清扬传授令狐冲的独孤九剑，到最后往往是多式合一，不会是一式单独存在。

混合沟通模型及运用

以下举例四种模型混合情况，读者可看着我的"剑法"，自己再细细体会个中变化：

一、计划混合型（解决型＋企划型）

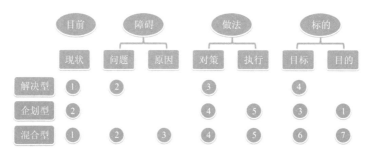

图 2－21　计划混合型

回到最原始，我们在做一个商业计划时，总共有七个锚点（**现状、问题、原因、对策、执行、目标、目的**）可参考使用，而解决型与企划型，便是从这七个锚点抽取组合而成。读者也可以自行取用与排列组合。也就是说，关于商业计划，共计有七个层次，很多变化型可以使用。当然常用的就几种。

案例 ▶▶续·买一个梦想的家

如果是七个锚点全用，以解决型大纲说明的举例延伸，思维导图示范模型案例如下：

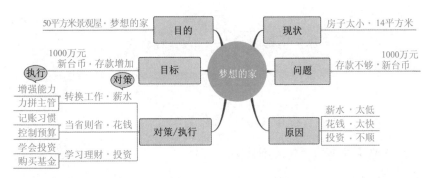

图 2－22　梦想的家

二、报告混合型（报告型＋解决型）

以报告型为故事线，解决型辅佐。

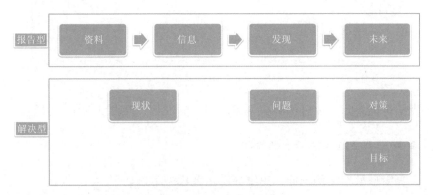

图 2－23　报告混合型

某种程度，在做绩效报告时，若这次报告是属于有问题要解决，其实它的内涵可以算是解决型，只是呈现方式用报告型而已。

案例 ▶▶生意做不好，也会被欣赏

以报告型模型案例延伸，思维导图示范模型案例如：

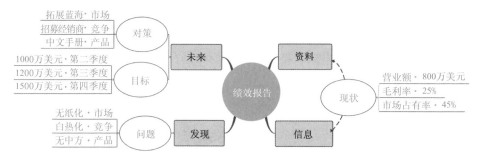

图 2－24　报告型绩效报告

三、提案混合型（提案型＋解决型）

以提案型为故事线，解决型辅佐。

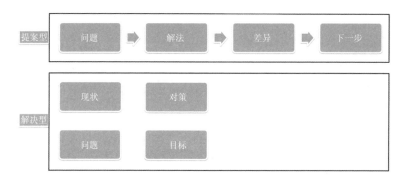

图 2－25　提案混合型

做销售提案时，也可用解决型说出客户的现状、问题、对策、目标。

案例 ▶▶一次击败四位对手的经验

以提案型模型案例延伸，思维导图示范模型案例如下：

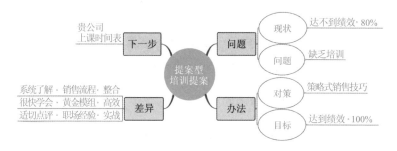

图 2－26　提案型培训提案

四、训练混合型（训练型 + 激励型）

以训练型为故事线，激励型辅佐。

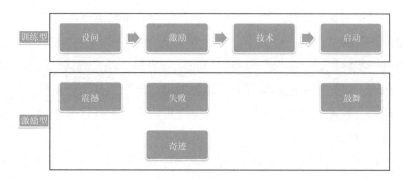

图 2 - 27　训练混合型

这也是我在做培训课程时，常用的混合模型，因为培训就是要学员被激励，进而产生改变的行动。

案例 ▶▶ 陈老师职场五力培训备课

以训练型模型案例延伸，思维导图示范模型案例如下：

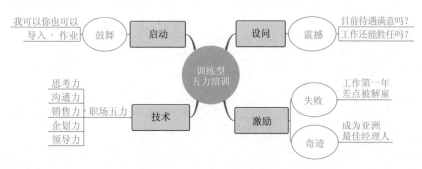

图 2 - 28　训练型五力训练

陈老师即战心法补帖▶▶

关于锚点混合式有两个重要观点：

⊃学习观点

引用介绍本书特色时所提到的学习过程：**守、破、离**，如果应用在混合式模型……

守：熟悉既有的沟通七模型。

破：开始练习混合式，并应用在自己所属的行业与角色。

离：自成一体，建立个人风格，产生出自己的模型。

以上过程就像学游泳一样，当你四式都学会，还愁混合四式不会吗？

⊃扩充观点

再进一步延伸，把沟通七模型的相关锚点全部摊开：现状、问题、原因、对策、执行、目标、目的、资料、信息、发现、未来、办法、差异、下一步、设问、激励、技术、启动、震撼、失败、奇迹、鼓舞，共计有 22 个锚点。当然你也可自行加入其他锚点。

如果把这 22 个锚点拿来排列组合说故事，就会有 22 个不同的呈现方式，这个数字会很巨大，就像钢琴 88 个键，却可弹奏无限旋律，说故事公式化真是妙用无穷啊！

设计法

一个好的故事，也要有好的画面

工具▶▶编排四原则

目的▶▶让简报简单易懂，让听众高效吸收

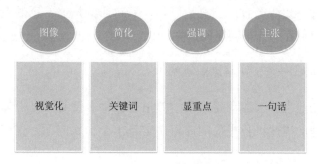

图 2-29　编排四原则

一部好的电影，除了要有感人的故事（前述的沟通七模型），也需要有好的画面呈现，好的画面，便是所谓的简报设计。经过调查，简报设计之所以做得不好，原因可归纳为下列四点：

1. 缺乏具象引导——没有图像→**图像原则**

2. 信息太过复杂——没有简化→**简化原则**

3. 内容无法聚焦——没有重点→**强调原则**

4. 主题传达不清——没有主张→**主张原则**

而简报做不好的最佳解方就是"编排四原则"。设计简报时，一定要牢牢记住这四个原则！

一、图像原则：视觉化

相较于纯文字，图像视觉化更有助于听众吸收与理解。

二、简化原则：关键词

如果你好好学习第一章的思维导图，简化能力早已内化，就是抓取关键词的能力而已。

三、强调原则：显重点

如果投影片中的一个画面，有你最想要强调的地方，就把它突显出来。可用不同颜色、大小去标示，或以圈选的方式呈现，就是要让它突显就对了。

四、主张原则：一句话

如果给你一句话形容这一页投影片，那句话就是这一页的主张，可放在标题，也可以放在画面最明显的地方。

案例 ▶▶信息业——上半年绩效说明

有个科技业主管，常常要面临绩效报告，每次做绩效报告都是他最痛苦的时候。听他的描述，我想他的简报一定是出了什么问题，就请他把简报传给我看。

下面这张投影片就是他的原始简报，全部都是文字和数字，就只是一张大字报而已。

于是我用编排四原则一步一步教他如何进化，示范如下：

[步骤❶] 加入图像

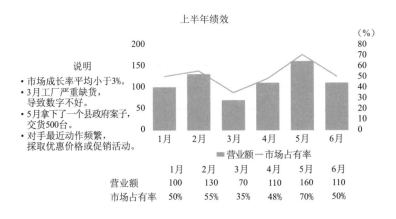

图 2-30　加入图像的绩效报告

⊃待改进之处

1. 底下的数字可删去。 2. 两边的轴线数字可删去。 3. 说明可以再简化。

［步骤❷］简化数字信息及说明文字

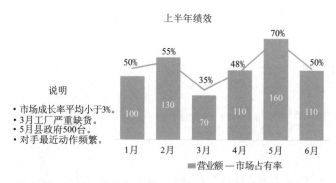

图2－31　简化数字信息及说明文字后的绩效报告

⊃待改进之处

1. 可将说明融入图像，做一个结合式的强调。

［步骤❸］进一步简化信息，强调重点结合图像突显

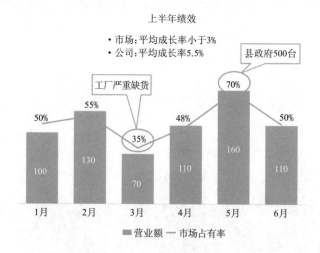

图2－32　强调重点的绩效报告

⊃待改进之处

可用一句话提出主张，简洁有力地传达这张简报的内容。

[步骤❹] 在标题旁边加入一句主张

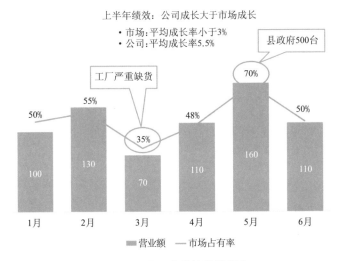

图 2 – 33　趋于成熟的绩效报告

这位科技业主管看到融合编排四原则的简报呈现的效果后，直呼："简报原来如此简单！"

[再进化] 编排四原则 + 模板套用

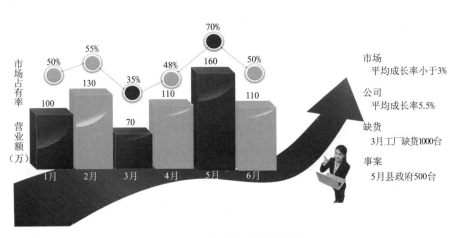

图 2 – 34　套用模板后的绩效报告

后来我又跟他说,这张简报可以再进化,如果套用免费的模板,它会变得更漂亮。上图就是套用模板后呈现出来的效果。他看到简报又有神奇的变化,一脸感激地对我说:"陈老师,实在太感谢你了!真后悔太晚认识你,让我苦了那么久。"

图像原则的延伸:图解及图表

图像分为:图解;图表;图片;图示。网上有很多资源开放提供运用,图片及图示可搜寻相关网站获取。

以卜针对图解及图表做进一步说明:

一、图解

图解首推微软的 SmartArt,虽然有些专家不以为然,认为 SmartArt 太过普通,但我认为快速、简单才是简报之要。

其图解分为三种类型:**结构**、**变化**、**关系**。

图 2 –35 图解三类型

> **结构 – 清单图 & 树形图**

● **清单图→分类——并列**

清单就是简单的分类,只有阶层关系,没有先后顺序,某种程度上,它也是一种思维导图的变形。

● **树形图→分析——组织**

树形图(又称层级图)用于原因分析与组织架构。在执行原因分析时,能有系统地拆解问题,精简焦点信息,利于探索问题本质;另一方面,它可以用来呈现一个组织的层次及功能角色。

> **变化：流程图 & 循环图**

- **流程图**→顺序——过程——发展——变迁

  流程图是表现时间变化与过程的一种图形，通过箭号和图框，将时间与过程的进展视觉化，用以表示前后的因果关系。

- **循环图**→循环

  循环图是流程图的变形，但有别于流程图，它没有终点，是一种无限循环、逐步改善的概念。

> **关系：关联图、象限图、金字塔图**

- **关联图**→交互——收缩——扩散——重叠——包含

  关联图分为五种："交互"是彼此的影响关系；"收缩"是由外往内事件指向；"扩散"是由内往外事件指向；"重叠"就是彼此有局部重复关系；若重复到产生包含关系，就是"包含"。

- **象限图**→定位——策略

  象限图又称矩阵图，在做分项策略时非常好用，但凡波士顿矩阵、安索夫矩阵、SWOT 现状分析、时间管理等等，是一种很有用的收敛工具。

- **金字塔图**→层级

  金字塔图是另一种形式的层次图，用来表达层次，上下或高低关系，同时也呈现出数量多少。由下往上，层层收敛，数量越少；由上往下，层层扩散，数量越多。

二、图表

图表是简报中常用的图像，尤其是跟数字相关的报告，其中经常会用到表格图、直条图、折线图、圆饼图。

- **表格图**→总览

  表格本身是一种图，当你还在伤脑筋用什么数据图时，有时表格图就是个最简单、最有效的图表。

- **直条图**→数量

  不管是直的还是横的，最主要是要显示数量的大小。

- **折线图**→趋势

  折线图很适合用来表现一段时间内的数字和趋势变化，在描述企业成长、衰退、稳定或波动时，折线图的使用率极高。

- **圆饼图→比例**

  圆形最能给人整体及分量的感觉，如果是需要描述每一个分项占整体的分量及比例，圆饼图就再适合不过了。

简报设计的延伸：简报四呈现

前面故事法"沟通七模型"，谈的是有关整个简报的故事主线；而设计法"编排四原则"，则关系到每页简报的视觉呈现效果。那么，一张思维导图的故事主线要如何快速制作成整份简报呢？下面介绍简报四种等级呈现方式：

一、架构式

主要技术：**思维导图**。

用于简报规划阶段。将整个故事架构画成一张思维导图，然后把简报页数分好，之后再逐步完成每一页即可。

二、川流式

主要技术：**文字方块**。
把简报用快速的信息川流呈现。

三、编排式

主要技术：**SmartArt**。
把简报用 SmartArt 做快速的编排呈现。

四、美化式

主要技术：**模板套用**。
把简报套用下载的模板做成精美的编排呈现。

以上四式都可以拿来做简报，称为"简报四呈现"。基本上，以思维导图做成架构式的机会很小，它主要是拿来规划简报用的。那另外三式要怎么选择呢？我的建议是根据情况选用：

- **川流式**→准备时间短，用于需要马上完成一份简报时。
- **编排式**→除了 SmartArt 之外，也可以用文字、图框、箭头来编排。这是我最推荐的方式。

- **美化式**→用于对媒体或是很重要的客户简报时。

陈老师即战心法补帖▶▶

⊃当建筑师，不当装潢师

简报目的就是为了说服听众，而说服听众的关键在于**故事逻辑**，并不在版面设计。

当然，好的排版容易起到吸睛效果，但这要看准备的时间需要多少，以及要用在什么样的场合。

如果是对内报告的话，我不太建议过于华丽的简报排版，因为有些主管反而会觉得你花太多时间在做不重要的事情；如果是对外简报，就可以花点心思在设计上面。

但各位也不用花很多时间去学漂亮的简报设计，因为网络上面已经有很多模板可以下载。

请千万记住：**我们是建筑师，不是装潢师**。

11　表达法

能创造感觉的人，将无所不能

工具▶▶感动三部曲

目的▶▶让你的表达变得有魅力

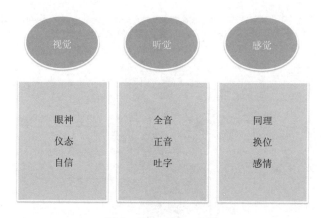

视觉	听觉	感觉
眼神 仪态 自信	全音 正音 吐字	同理 换位 感情

图 2－36　感动三部曲

一部好的电影，纵然有很感人的故事，也有很好的视觉画面，但若少了好演员，这部片也不会卖座。所以——**人，才是简报真正的主角！**

关于"表达力"，有人说是微笑、热情、倾听、同理、关心、肯定、认同、赞美、提问、说明；还有人说是形象、穿着、礼仪等等，这些都是常见的基本功夫，相信大家也都听过不少。在此我想提出一套更简单有效的表达技术，那就是 NLP（神经语言程序学）在沟通表达的应用。

通常在沟通表达的过程中，我们跟听众之间，就是通过**视觉**、**听觉**、**感觉**来做表达，所以关注这三个感官，也等于掌握了听众，我们称之为"感动三部曲"。

那么在表达时，可以使用哪些技巧，在视觉、听觉、感觉上去做强化，使我们的沟通表达更有魅力？以下就逐一介绍：

一、视觉：眼神、仪态、自信

● **眼神**：首先要**专注、交流**。

专注指的是眼神要坚定，不要飘来飘去或不停眨眼。而交流便是正视听众的眼睛，尤其当你是在对某一个人讲话某段话时，记得要看着他的眼睛。初期可能会觉得不自在，但习惯之后，便会发挥很强的眼神穿透力。

- **仪态**：原则上就是**自然、放开**。

  只要肢体很自然地放开，就会产生讲话的力量。

图 2－37　演讲时的陈国钦

- **自信**：自信的基本功，当然是要对演讲内容做好充分的准备。另外，最重要的就是**做回你自己，相信你自己**。

二、听觉：全音、正音、吐字

- **全音**：就是**不掉字**。

  举例来说：（掉字）"你照吗，有兽，我真的很酸你，外你……"

  （不掉字）"你知道吗，有时候，我真的很喜欢你，我爱你……"

  其实很多人掉字，我也是个很容易掉字的人，避免最好的方法就是讲慢一点，一字字都经过大脑。

- **正音**：就是**发音准**。

  还记得广播人李季准先生吗？我记得高中时，在那个没有手机、计算机、电视的年代，每晚都要听完他主持的《感性时间》才有办法入睡。因为他的正音咬字，再加上他的独特低嗓音，简直迷人至极。遇到字词发音有拿不准的，千万不要念错，否则无论外表多么玉树临风，也会马上很尴尬。

- 吐字：就是**要加重音**。
  将每段话第一个字，或是重要对话第一个字的音量放大。这是我在练习演说中最大收获。

三、感觉：同理、换位、感情

- 同理：就是**做同步**。
  在用词上做到同步，听众很自然地就会接受你所讲的话，因为相信你，就等于相信自己。多用主词（我们）、形容词（一样）、动词（了解）。例如："我们都有一样的情形，我很了解各位的感受……"
- 换位：就是**换立场**。
  站在对方角度说话，最常听到用词就是"如果我是你"。例如：
  "陈老板，我认为你一定要买这部车！"
  "陈老板，如果我是你，一定毫不犹豫买下这部车。我一想到回到办公室，那些人羡慕你的表情，就超开心，超有面子！"
  以上两种说法，当然是第二种沟通方式效果较好。
- 感情：就是**要投入**。
  感情投入是做好一件事情的基本要素，还记得电影《海角七号》里面的一句台词吗？——"用感情来打鼓。"任何事只要投入感情，就会感染别人。

我有个 NLP 课程的同学，从事帮人安床的工作，有一次她帮客人订好一张床，不小心被门店店员卖掉了，接到店员的电话通知：

店员：不好意思，陈小姐，你订的床，货已经到了，但我们昨天不小心把它卖掉了。

同学：那该怎么办，仓库还有吗？

店员：没有了，抱歉！

同学：那紧急调一组新的要多久？

店员：大概要七天。

同学：不要开玩笑了，我们安床是有看日子的。

店员：真的没办法，紧急下单就是要七天……

同学：岂有此理，那叫你们店长听一下。

店长：陈小姐您好，我是店长，我姓王。

同学：你们门店的服务也太糟糕了吧！

店长：陈小姐，我知道您安床有看日子，我们感到非常难过，其实我们昨天一整天都在到处调货……这样吧，我们赶快做紧急下单，调一组全新的给您，大概需要五到七天，我们会尽量帮您催一下，只要货一到，就马上通知您，我们真的很抱歉……希望能得到您的谅解。

以上就是店员和店长的差别。为什么有人永远都只是店员，因为他舍不得对客户付出“感情”。

案例 ▶▶娇柔女主管，表达也可以铿锵有力

我有一位学生，是个女主管，讲话很是温柔，虽然让人听起来很舒服，但却无法达到有力的传播。后来我建议她多练习运用感动三部曲这项技术，表达时眼神转为锐利，说到重要处加重音，并辅以一些同理、换位的用词，情况一定会大为改变。

之后我问她测试结果如何？她说自从改变以后，员工开始敬畏她，工作执行也较为顺利。同样的一段话，只是表达方式改变，竟得到如此惊人的效果，显示 NLP 沟通表达功效之强大。

陈老师即战心法补帖▶▶

NLP 这门心理操作技术，我已经研习一段时间，并且进一步接触了与其相关的催眠课程。

这门技术应用很广泛，可用于沟通表达、一致亲和、语言引导、认知强化、信念重建、目标设定、触发行动、戒除旧习、创伤治疗、关系修补、生命价值等等，而为方便读者延伸参考应用，我将 NLP 技术与本书相关部分，做了一个架构性的呈现与连结，但不做细部深究与讨论，以免偏离主题方向。

➲沟通表达

目的：连结他人感官，进而说服。

技术：视觉、听觉、感觉的感知连结。

应用：沟通力的“**感动三部曲**”。

➲**一致亲和**

目的：同步他人，营造亲和感。

技术：视觉、听觉、感觉的亲和同步。

应用：销售力的"**亲和三感官**"。

➲**语言引导**

目的：运用语言省略、扭曲、一般化的正反使用，引导他人意念。

技术：后设模式、比喻模式、催眠模式。

应用：销售力的"**探询六要素**"（后设模式的反省略语法运用）及"**催眠九式**"（比喻模式、催眠模式的省略及一般化运用）。

➲**认知强化**

目的：启动自己、他人的行为。

技术：心锚法、次感元。

应用：销售力的"**竞争五策略**"及"**成交十八招**"（次感元的逃避痛苦运用）。

➲**信念重建**

目的：改变自己、他人信念。

技术：醒觉法、因果法、身心法、层次法、模仿法、结合法、抽离法、换框法。

应用：领导力的"**激励九式**"的念力（醒觉法、换框法的运用）。

➲**目标设定与触发行动**

目的：激励自己、他人达成目标。

技术：时间线、目标心象聚焦。

应用：领导力的"**梦想板**"与"**圆梦计划**"。

12 沟通整合——故事式沟通 3S 法则

照着流程走，你就变高手

案例 ▶▶ 陈老师应某私立大学邀请对 500 人激励演讲

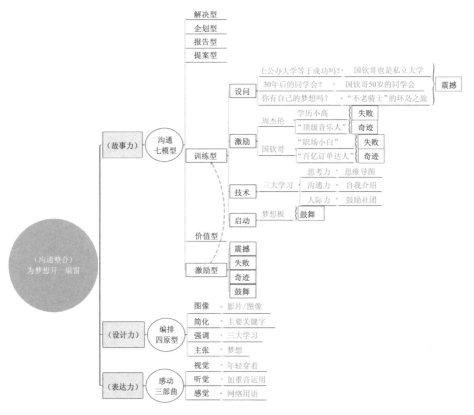

图 2–38　沟通整合案例架构

这张思维导图，是我受邀去某私立大学演讲的实际案例整合架构，这是一场面对 500 人的大型演讲，梦想激励，台下掌声不断，现场氛围令人感动。

一、结合故事力

▷ 运用沟通七模型

- 模型：学生最主要是学习技能，接受激励，所以我选择了训练型＋激励型的混合型。

- 主题：为梦想开一扇窗。

  一开始，我先问他们三个大问题：

  　　　√ 上公立大学等于成功吗？

我：国钦哥也是私立大学，但在职场混得还不错啊！

  　　　√ 30 年后的同学会？

我：国钦哥 50 岁那年同学会，很多人因为过得不好，就不敢来参加了。

  　　你将来想参加，还是不敢去？

  　　　√ 你有自己的梦想吗？

（播放"不老骑士"的《环岛之旅》，鼓励大家要有梦想）

  　　　√ 周杰伦学历不高，却成为顶级音乐人。

  　　　√ 国钦哥曾是"职场小白"，但后来却成为百亿订单达人。

  　　当学生，要特别关注三大学习：

  　　　√ 思考力（教授思维导图）

  　　　√ 沟通力（通过思维导图自我介绍，两人一组练习）

  　　　√ 人际力（鼓励大学生多参加社团，培养人际关系）

- 〔启动〕

  （鼓励大家为自己制作梦想板，为梦想开一扇窗）

二、结合设计力

▷ 运用编排四原则

在整个简报编排设计上，应用如下：

- 图像→以影片及图像为原则，学生较有兴趣。

- 简化→用主要关键字来简化，适合 500 人大礼堂演说。

- 强调→强调学生要关注三大学习——思考、沟通、人际。

- 主张→每一张投影片，都要跟"为梦想开一扇窗"做连结。

三、结合表达力

➢ 运用感动三部曲

启动视觉、听觉、感觉同步：

- 视觉→穿着年轻，跟学生在视觉上同步。

- 听觉→在重要处加重音。因为要启动学生的梦想，讲到重点的地方会特别大声呼喊，同时也带动学生呼喊。

- 感觉→使用时下网络用语，拉近与学生的距离。

陈老师即战心法补帖▶▶

整合"故事式沟通 3S 法则"，要特别关注"四动"：

故事力：沟通七模型的运用，用逻辑来**说动**。

设计力：编排四原则的呈现，用视觉来**带动**。

表达力：感动三部曲的投入，用感官来**感动**。

而有了说动、带动、感动之后，自然就会产生**行动**！

好的简报，让全世界看见

4 年前，在上陈老师的课时，当时就被老师思维导图的应用震撼到，一篇烦琐的信息在抓取关键词归纳整理后，瞬间变成易读易记的架构。平时上课总会忍不住分心查看手机，但那天课程整整 7 小时，我不仅完全没有分心，还觉得时间不够，足见老师上课魅力势不可挡，内容含金量更是高。而熟习关键字的撷取和思维导图开展后，也让我从此在工作上更加得心应手。

这几年，我在持续追踪老师课程的升级，陈老师已经将各种常用模型跟流程定制完成，尤其是沟通力 3S（故事力、设计力、表达力）的应用，更让我在职场上屡屡获得总部领导的肯定，在各种简报场合无往不利。以去年的全球主管大会为例，我使用了提案型模型，先破题点出当前所面临的问题及挑战，接着介绍即将开展的项目暨解决方案，最后比较与其他方案的差异性，并在结尾分享下一步项目时程，完整的架构让听过简报的同事都印象深刻，大获好评，那一刻不仅深深庆幸自己学过老师的沟通七模型，更强烈感受到这些模型的强大威力。

另外，在简报设计方面，以往我总以为多种动画、设计精美的简报才是好简报，结果我往往花了一周的时间准备一份简报，却还是让主管不满意，甚至不清楚我要传达的主题。自从听了陈老师的简报设计后，才发现原来简报的精髓在结构，美工只要通过简单的图案或内在模型，就能高效完成一份成功的简报。当初如果早点上老师的课，也不用走这么多冤枉路了！

陈老师这次无私地把课程精华部分整理成 50 个实用好记的技术，让我忍不住一定要强力推荐，这是一本职场的"九阳神功"，不买会遗憾！

——某公司　客服总监

阮懿慧

良好的沟通力，会带来强大的自信

在职场上，要如何有逻辑架构的清楚表达？将表达的内容有效区分，并建立彼此间的脉络与关联性？最重要的是，还能使人信服。如果您跟我有一样的烦恼，相信陈老师这本新书可以帮助您解决许多的问题，也会是一本很实用的超级工具书。

2016年认识陈老师，最令我佩服的是老师整理了许多不同简报模型与架构，如书中提到的沟通七模型，每当我规划简报遇到问题时，就会拿出来参考并使用，比如解决型（现状、问题、对策、目标），依照模型架构套入内容，便可迅速帮助我完成简报，并在会议报告时清楚且具有逻辑地表达说明，不仅提升整体效率，也让我的提案报告比过往更容易过关。

记住陈老师最常说的九字真言"想清楚，写下来，说出去"，只要脑中有老师的模型架构，说出去的话自然容易让人听得懂，成功的机会相对也会提高。老师在企业的评价很高，每次授课都会加入新的素材，非常地用心，学员最常给予的反馈就是"很实用"，《一学就会的思维导图工作法》是一本含金量很高的工具书，相信会让您收益匪浅，诚心向您推荐本书！

——某商业银行　人力资源部经理

陈嘉文

简报不好，升职无望，是冤枉还是活该

如果你是一位超级业务员，销售业绩始终名列前茅，你应当会有怀才不遇或是身陷牢笼的体会。因为身处于销售顶尖的你，或许眼睁睁地看着身旁的人，一个个转换职位或跻身于管理岗位。你不是没有能力，而是要将你的能力展示出来。本人任职外资公司已超过18年，相较于前辈资历尚浅，但也见过不少征战沙场的同事屡屡挫败。其实不论身处何种行业，有系统有逻辑地思考，且能清晰明了表现出来，都是职场升迁的重要法则。

2018年底，公司要对所有业务做一个年度简报验收，内容包含2018年回顾及2019年计划，所以我们要找的简报老师，不只是教导简报技巧，还要通过简报指导让每位同事清楚表达区域管理的商业逻辑。经过一次当面访谈之后，老师便能迅速掌握到我公司的业务精髓。

上课那天，陈老师用很简单的方法，让我们很快学会简报结构、简报设计及魅力表达，并且为我们定制区域管理的模块，用思维导图法快速整合，进一步协助凝聚部门共识。

教学不仅教导及学习，指导者能否灵巧掌握授课产业需求，进而达到学习者的学习绩效，并非常规教学者所能触及。我们只学了陈老师的简报架构、设计和表达，就已大幅提升即战力，而老师的新作集合多年教学及团队带领

经验，满满的 50 个技术，还不赶快买来拜读吗！

——某公司　渠道经理

位明兴

那一年，我们都用错了思维导图

对企业而言，管理课程的训练目的不外乎提升工作效率，建立共同语言，进而创造个人及组织绩效。管理的知识或工具，虽不是一门很难理解的学问，但无论是组织人、事、物的管理运用，或简易、熟练、流畅地达到最佳绩效目标，都不是一件容易做到的事。

通过顾问公司的引荐认识了陈老师，其实企业训练单位对思维导图法应该都不算陌生，它并不是什么新工具或方法，所以第一次会谈后对陈老师运用思维导图为基础，贯穿思考力、企划力、销售力、沟通力、领导力，并未留下太深刻的印象。但后续几经多位讲师教学及内容比较，一次次课程目的及需求的厘清与讨论，再回顾陈老师以思维导图架构整合的职场五力著作与相关课程，其实不失为短时间达到最佳效益的好工具。

第一次的合作仍难免有些战战兢兢，但接受过 NLP 训练的陈老师站在讲堂上，展现了思考流畅及亲和的魅力，对于思维导图的操作、演练及示范也是炉火纯青，达到了书中所说的化繁为简、整合架构、易懂易记、顺利执行的目标；汇整了十几年担任高级主管亲身经历，以及一步步完成个人梦想的分享，是难得的领导管理最佳典范，更让课程充满了正面激励及说服力！

——某公司　教育训练中心负责人

陈宝凤

天下武功，唯快不破

早年我在中国大陆和香港已接触过思维导图，但仍停留在使用阶段。我一直想找个可以将思维导图应用在思考、沟通及销售上的老师，但这样的老师并不好找，既要懂得思维导图，又要懂销售与企划，还要具备讲课魅力……因为业务员们通常对培训很难专注。

首先，我们把题目定为运用思维导图说故事的技巧，这里指的"说故事"，是能把话说得有逻辑，对外能让客户更容易了解我们的产品，对内可迅速完成沟通协调，达到简单、快速和高质量的信息传达——这才是我和他都认同"唯快不破"的真理！后来经过精挑细选，找到了使用思维导图创造百亿业绩的陈老师。

上过他课的业务同事都非常喜欢陈老师，除了思维导图用得炉火纯青外，沟通七模型更是一绝！更妙的是，他具备很强的销售技巧，不仅乐意倾囊相授，还鼓励并传授业务同事在辛苦工作之余，找到如何平衡人生的方法。

我见过、合作过很多的企业讲师，陈老师绝对是我心目中前三名的讲师人选之一！他的第一本书《职场五力成功方程式》已经让我非常佩服，获益良多；接下来第二本书《一学就会的思维导图工作法》，是他近千场授课后的进化版，加上更多核心知识的汇整，一定更加精彩绝伦。

——某医药公司　基础医疗事业群总监

邓庆光

完美简报，我也做得到

在一次课堂上认识了国钦老师，一开始是课程名称"决策与沟通最佳管理实务工作坊"吸引了我，从此，我的日常工作就离不开思维导图了。

我是一个项目管理师，也经常会受邀演讲，这些工作都少不了要做简报。以前做简报总是直接打开PPT，便开始进入冥想状态，若是没有灵感，就只好上网，或者是外出走走找灵感，好不容易挤出一页，第二页又陷入苦战……虽然在报告前一刻总是会生出简报，但常常是虎头蛇尾——前面很漂亮，后面很简陋，更糟糕的是，毫无逻辑可言。

自从上过国钦老师的课之后，我在做简报时会打开思维导图软件，从找到的相关信息中先提取关键字，再用老师教的方法放入思维导图中，归纳整理，接着转换成PPT，做简报的速度因此提升很多，也具备逻辑性与系统化。

记得刚到新公司，我用15页简报做计划提案，获得高级主管的称赞："从没听过这么完美的简报。"

国钦老师的教学，讲求重点、有效，今天学会，明天上班就可以派上用场，而《一学就会的思维导图工作法》收录了老师的感悟和技法。如果你骨骼清奇，你可以去学如来神掌，但如果你和我一样是平凡人，相信这本书绝对是你更上一层楼的垫脚石。

——某公司　研究部专员

蓝陈淯

第三章

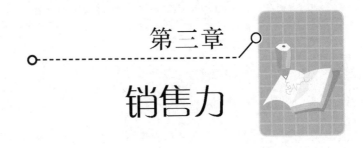

销售力

策略式
销售三大流程

从事销售的人，不能凭本能，而是要凭真功夫！

职场上的销售人员比营销人员要多，所以销售人员面临的竞争，要比营销人员更为激烈。

我听过很多销售课程，内容大部分强调"正面态度"及"应对技巧"。因此，大家对销售人员的印象，普遍停留在"很会推销，很会做人"的层次，认为只要做好以上项目，就算是个优秀的销售人员。

我的第一份工作就是销售，或许因为家里经营杂货店的关系，从小耳濡目染，所以我把销售当成是贩卖一般，每当有客户询问规格，就急着跟对方报价，然后攀谈交情，之后称斤论两地去谈论价格，结果大多无疾而终，或是不知所以地失去订单。

在撞了几次墙之后，我慢慢从一个菜鸟蜕变成成熟的业务员，我把销售业务分为三个等级：

➢ 菜鸟

刚开始当业务员的人，就像是一个菜鸟，什么都不会，一切从头学起。幸运的人会遇见师父，不然就只能自己摸索。

➢ 熟练工

渐渐地，成为有经验的业务人员，虽然业务熟练，但还不够精进，要学功夫实在好累！

➢ "叶问"

我用"叶问"来代表有功夫的人，那么到底当"叶问"有什么好处呢？在我看来，拥有一身好功夫，好处有：

- **复制成功经验**——因为所有功夫都有其招式，既然是招式，就可以被复制，所以赢案子的能力会随着岁月而持续改良精进。
- **可以击败对手**——不管遇到多无赖的流氓，都能轻易打败他们，因为流氓只是爱打架，但他不会打架。
- **传承主管经验**——当有一天你成为主管，因为有武功套路，很容易指导与传承属下，不会只凭本能指使他人做事。

关于销售，有很多不同的套路，包括如何与客户接近、如何倾听需求、如何与对手竞争、如何与客户谈判、如何顺利成交等等，如果不加以整合，便会出现"无招胜有招"——因为不知道哪一招是最适合的，只好乱出招。

在本章，我试着整合一些国际理论，再加上自己在职场的成功经验，归纳出一套**策略式销售三大流程**。为什么取名为"策略式"呢？因为策略代表一种专业的以赢的策略为出发点的销售模式。本章中先以思维导图（如图3－1）做简单介绍，在后面章节中，将会有更进一步的拆解说明，并在最后做一个整合示范。

一、亲和

亲和就是让人家喜欢你。

制造亲和最快的方式，就是采取跟对方同步的技巧。为何要同步呢？因为人们喜欢跟自己一样的人，喜欢跟喜欢的人相处。人与人接触的三大感官，就是视觉、听觉、感觉，而镜射法、共振法、同理法，就是为了同步这三个感官。

亲和法使用的工具是"**亲和三感官**"。

- **镜射法**：视觉（动作、手势、姿势）同步。
- **共振法**：听觉（速度、音调、语言模式）同步。
- **同理法**：感觉（性格、九同、回溯）同步。

二、引导

引导就是当别人因亲和同步而喜欢你之后，你就可以开始引导对方的需求。

为何在成交之前，必须要有引导动作呢？答案是，因为人们都不愿意被推销，所以必须通过引导，降低对方的戒心，以提升成交概率。

在引导中，也有三个技术与适用工具。

- **探询法**：探询并引导对方需求，使用的工具是"**探询六要素**"。
- **价值法**：传达公司的价值定位，使用的工具是"**黄金圈销售**"。
- **竞争法**：改变客户对敌我认知，使用的工具是"**竞争五策略**"。

三、成交

成交就是让别人采取行动，找你下单。

成交是销售的最后一哩路，很多销售人员都败在这一关。如果你能很轻易让别人跟你成交，你就是销售达人！

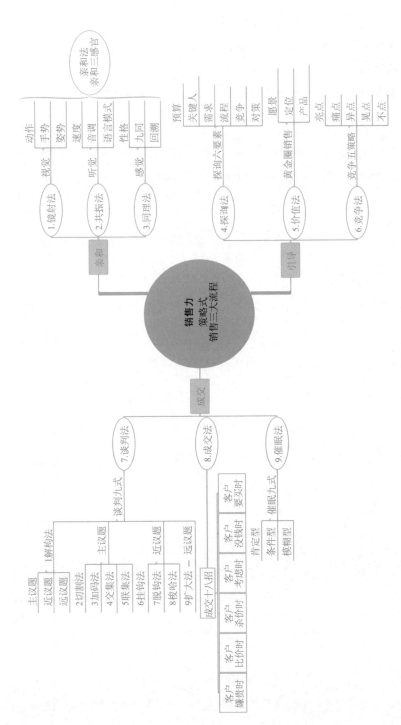

图3-1　策略式销售三大流程

在成交中，同样有三个技术和适用工具。

- **谈判法**：让对方觉得他有赚到，工具是"**谈判九式**"。
- **成交法**：让对方下决心跟你买，工具是"**成交十八招**"。
- **催眠法**：让对方好好地签完约，工具是"**催眠九式**"。

13 亲和法

人喜欢跟自己一样的人，喜欢跟喜欢的人相处

工具▶▶亲和三感官

目的▶▶同步对方三个主要感官，以提升亲和力，降低客户的戒心

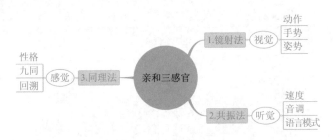

图 3 – 2 亲和三感官

在前一章"沟通力"中，我们通过视觉、听觉、感觉来做表达互动；而在本章"销售力"中，则透过这些感觉做亲和同步，运用"亲和三感官"，让对方在不知不觉中把我们当成是"自己人"，进而打开心扉，让整个销售过程变顺畅。

以下就三感官亲和同步的技巧做进一步说明：

➢ **视觉同步**：动作、手势、姿势

又称为**镜射法**。镜射，顾名思义，就是制造出镜子般的视觉同步，其中最主要的是同步对方的动作、手势和姿势。当我们与对方肢体同步时，对方的戒心自然会在无形中降低。

举例来说，如果你周围有一些很合拍的朋友，或是很情投意合的情侣，你会发现这些人的动作、手势和姿势很像，因为我们人类有一种倾向，只要两方的心意越来越相通，自然会表现出与对方一样的状态。而镜射法便是一种视觉的反操作，当我们跟对方表现出一样的视觉状态时，也等于反向提高了内在状态的一致性。

➢ **听觉同步**：速度、音调、语言模式

又称为**共振法**。共振法指的是听觉频率的听觉同步，其中最主要的是同步对方的说话速度、音调或语言模式，包括配合对方的口头禅，甚至语气中的情绪。在职场上，言语沟通频率很高，学会如何配合对方的说话方式，进

而降低沟通阻力，是非常重要的沟通技术。

➤ **感觉同步**：性格、九同、回溯

又称为**同理法**。这是三感觉亲和同步中最重要的技术，因为内心的同步，要比视觉与听觉的同步来得重要。感觉同步，最主要分三个方向：**性格、九同、回溯**。

● **性格**：同步对方的各种性格，容易让人产生好感。

如图3-3，纵轴是性子快或慢，横轴是重视人或事，性子快慢可从讲话速度来判断，重视人或事则可从沟通内容判断。

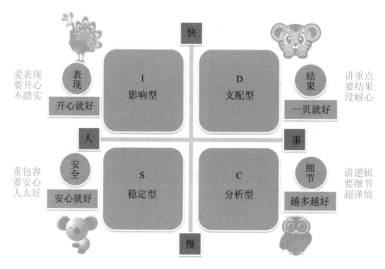

图3-3　不同类型的人

老虎型的人

　　√ **性格**：支配型。

　　√ **特征**：性子急，重事情。

　　√ **同步**：给他结果，少啰唆，一页就好。

孔雀型的人

　　√ **性格**：影响型。

　　√ **特征**：性子急，重人际。

　　√ **同步**：给他表现，少正经，开心就好。

无尾熊型的人

　　√ **性格**：稳定型。

　　√ 特色：性子慢，重人际。

　　√ 同步：给他安全，少轻浮，安心就好。

猫头鹰型的人

　　√ 性格：分析型。

　　√ 特征：性子慢，重事情。

　　√ 同步：给他细节，少肤浅，越多越好。

假设我是一个尾牙活动承包商，我要去跟客户提方案，以下将四种性格的同步方式做个简单示范：

1. 老虎型→让他知道

客户：陈老师，目前尾牙的规划，能否跟我说明一下。

我：我手上这本就是尾牙提案企划书，第一页就是整个尾牙的总结，您过目一下，我会好好地把您交办的事做好！

2. 孔雀型→让他舒服

客户：陈老师，目前尾牙的规划，能否跟我说明一下。

我：我手上这本就是尾牙提案企划书，整个尾牙交给我就对了啦，一定帮你办得又风光又好玩，让大家都尽兴，来年再一起为事业打拼！

3. 无尾熊型→让他安心

客户：陈老师，目前尾牙的规划，能否跟我说明一下。

我：我手上这本就是尾牙提案企划书，整个尾牙就安心地交给我，一定帮你办得妥妥当当，让大家有个愉快的尾牙！

4. 猫头鹰型→让他懂得

客户：陈老师，目前尾牙的规划，能否跟我说明一下。

我：我手上这本就是尾牙提案企划书，整个尾牙相关的所有细节都在里面，您可以慢慢看，需要说明再跟我说一声。

　● **九同**：有关系，拉关系；没关系，找关系。

彼此陌生时，就得找话题拉近彼此关系。如，分为环境、行为、工作、志向和人生五个层次，以及九种议题，而当相同点越多，关系就越紧密。至于何谓"九同"，简单说明如下：

1. **同姓**→又称同宗，就是同姓氏。

2. **同年**→就是同年级，或年级相近，例如都是五年级，顶多说到五六年级，不能差距太多。

3. **同乡**→来自同样地方，例如都来自台南，或同样是南部人；若在国外，可说都是中国人。

4. **同好**→同样的爱好，例如都爱打高尔夫球、弹吉他或玩手游。

5. **同病**→"同病者，必相怜"。病分两种：身病和心病，例如都有老花眼（身病）；都没自信、爱紧张（心病）。

6. **同类**→同样的类型，例如同是某个星座，都是某社团成员，都上过某所大学。

7. **同职**→同样角色或同样行业，例如都是业务员，都任职于科技业。

8. **同道**→就是同样的志向，"同道者，必相谋"，例如都想要当讲师，想帮助他人成功。

9. **同愿**→层次最高，就是同样的人生愿望，例如一样的信仰，一样的宗教，一样的人生价值观。

- **回溯**：回溯及赞同对方的英雄事迹，会让他更喜欢你，最主要的是做到事件的**重复**、**感情**和**事实**。举例来说：

客户：我下个月升组长。

我：哇！你要升组长了，真是太棒了！以你 10 年资历及优秀表现，真是实至名归！

像这样先从对方身上找到令他自豪的事件，重复叙述并予以感情回应，再加以事实搭配，对方会很喜欢你，因为人都爱被认同与称赞。

案例 ►►一拍即合的面谈

刚当讲师时，有家管理顾问公司总经理找我洽谈合作机会，并约在一家餐厅吃饭。以下是我们的商谈过程：

服务生：请问两位要点餐了吗？

总经理：我吃鲭鱼饭，谢谢！

我：我跟他一样，鲭鱼饭，谢谢！

（**镜射法**，其实我不吃鱼的）

总经理：请问陈老师，你未来的讲师之路，有什么职业规划？

我：关于你所谓的规划，我个人在外企，已经工作 17 年了，想转换跑道，人生下半场，就想专心做讲师。

（**共振法**，跟他讲一样的关键词"职业规划"）

总经理：听说你很爱车，可以给我推荐一部好车吗？

我：男人最大的梦想，就是去拥抱心中的跑车魂，如此才不枉此生。看你的品味，当然非保时捷莫属。我个人也有一部，要不要等一下去试开我的保时捷。

（我观察到，他是孔雀型性格，喜欢谈价值观。）

总经理：在人生的下半场，你为什么选择当讲师？

我：好问题，这就跟我问你为什么选择创立管理顾问公司是一样的，因为我们都希望在此生中，去帮助更多职场人士成功！

总经理：有想过找什么样的管理顾问公司合作吗？

我：根据我的了解，贵公司是目前市场占有率最大的管理顾问公司，既然要当全职讲师，当然就是要找最大的管理顾问公司，也就是贵公司！

总经理：今天跟陈老师聊得很愉快，想不到我们这么投缘，我们就合作吧！

我：如我所愿，合作愉快！

陈老师即战心法补帖▶▶

关于亲和同步，应用时有一点要特别注意：

⊃同步可以配合，不可以欺骗

不管是视觉、听觉或感觉同步，其实都是一种配合对方的方法，但同步可以配合，绝对不可以欺骗。例如：

你的客人说他很喜欢宠物，你不能骗他说你养了三只小狗。

你可以说："真的吗？我也很喜欢，特别是柴犬。"

如果他高尔夫打80多杆，你不能骗他说你打90多杆。

你可以说："这样啊，那你要好好教我打球啊！"

如果他是基督徒，你不可以乱说你也是基督徒。

你可以说："我特别尊敬有信仰的人……"

销售行为本身是一种信赖与人格的展现，一旦你对客户说谎，客户就再也不会相信你了。

探询法

掌握六要素，赢的第一步

工具▶▶探询六要素

目的▶▶通过探询，了解情况，以掌握销售进度

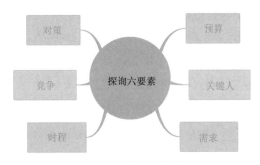

图 3 - 4　探询六要素

探询法在销售中，是至关重要的一个步骤。

我们常说要倾听客户需求，而事实上，经过测试与统计，在一段销售谈判中，平均业务员讲话部分就占了 70%，客户的讲话时间只占 30%，也就是说，很多业务员不喜欢听客户说话，只喜欢推销产品给客户。这是销售程度进阶一个很重要的分水岭，想要成为顶级推销员，一定要先学会倾听及探询。

探询法使用的工具是"探询六要素"。在销售工作中，要非常关注这六个主要信息的探询与接收，而这些探询要素，也会在后续其他流程进行中，不停地往回逐步完善，以求信息更加完整，当然也会提高胜出的几率。

有关探询六要素，以下做个说明：

- 客户的采购预算。

- 销售主要决策者，是谁被授权决定这项采购。

- 客户的需求，分为产品需求和关注需求两种。

  产品需求，指需要什么产品，以及其规格与数量。

  关注需求，依行业而异，例如：科技业要的是产品规格、售后服务、解决方案、产品价格、公司品牌；汽车业要的是品牌、价格、油耗、CP 值、规格、外观、服务、质量、操控、安全；医疗业要的是安全、可靠、便利、质量、疗效、价格；渠道要的是好卖、好赚、服务、资

源、保障、关系……不同的行业会有不同的关注需求。

- 客户购买的时间或采购时间流程。
- 主要对手及其策略。
- 根据前几个阶段的探询，提出因应的竞争策略。

案例 ▶▶ ××银行拜访汇报

当我还是菜鸟业务员的时候，有一次去拜访一家很大的银行，回到办公室后，我跟领导的对话如下：

领导：国钦，请跟我报告一下××银行的拜访结果。

我：报告，刚刚去拜访陈科长，他人不错，应该有机会买。

领导：你这样讲跟没讲一样，你回去好好想一想怎么报告最正确，关于整个案子，我们需要知道什么……

（后来我去请教很多人，也参考了一些销售的书籍，就用了探询法去拜访客户，当然也用探询法跟老板汇报）

领导：国钦，这阵子你应该有再去拜访这家银行，再跟我报告一下拜访的结果。

我：关于上周去拜访××银行，在此分为六个面向跟老板报告：

- 预算 1000 万元新台币。
- 决策者是陈科长和林专员。
- 建置银行征授信系统，需要 A3 黑白打印机 500 台，客户最关注的是服务、规格、价格。
- 时程是今年 3 月开出 RFP，4 月提案，5 月议价，6 月签约，7 月交货，8 月验收，最后必须在 9 月底全部上线。
- 对手是 I 公司跟 E 公司，I 公司采取的是关系策略，E 公司则采取价格策略。
- 我的应对策略是诉求产品的质量稳定、全面网络打印管理，并解决其主机与打印机的连线问题。

其实我在报告的同时，大脑里面就藏了图 3-5 这张思维导图，方法很简单，根据探询六要素的模型，把答案填满就对了。

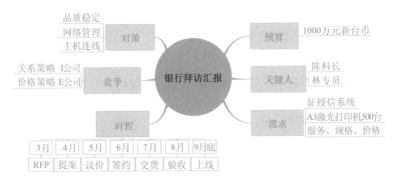

图3-5　用探询六要素银行拜访汇报

陈老师即战心法补帖▶▶

运用"探询六要素"有三个重点：

⊃应用时机

- 探询客户情况。

- 报告领导实际情况。

若你没去探询到这六个关键要素，回去当然也无法报告。

⊃探询话术

在探询客户时，我们当然不会很直白地问客户，而且他也未必会很坦白地告诉我们，甚至有些客户会误导我们，所以要取得信息不对称的优势，探询话术必须是设计过的。

提供基本话术参考如下：

预算——关于这样的采购案，有没有大概的预算？

关键人——请问一下贵公司的决策小组，除了您，还有谁？

需求——（直接问需求即可，但要多方验证）

时程——请问贵公司何时要上线？（由上线时间倒推出一步步的相关时程，比问对方何时要买，感觉专业多了，客户也较不会反感）

竞争——贵公司有无征询相关的友商，需要我帮您做整体评估吗？

问完以上问题后，我们想要产生的动作，就是对策。从另一个角度来说，也就是要去改变或影响原有的情况，转而对我方有利：

- 增加更多预算，也等于增加我方营业额。

- 影响决策者，产生对我方有利的决定。

- 引导客户，开出对我们有利的需求。

- 了解时程，才能在对的时间做对的事情，或是进一步影响其时程。

- 了解对手，才能避实就虚，出招也会准确到位。

⊃ 客户管理

如果你面对的是主要客户，那么这个探询就必须深化成主要客户的策略管理与销售计划，战线和布局就会拉长拉宽：

- 不只问到本次项目预算，还要进一步了解整年度的采购预算，甚至具体项目，以及之前跟哪几家厂商购买及其购买份额。

- 必须去了解这家企业的组织架构：

  - **画出组织图**，了解彼此战略位置。

  - **找出决定圈**，了解谁是主要决策者。

  - **连出影响线**，了解组织中的施力点。

而关于主要决策者，因为会直接影响销售胜负，除了参考第 13 技亲和法之外，在此要再进一步做些补充。

首先，你要深度了解主要决策者的相关状况（包含他的组织角色、个人性格，以及你与他之间的关系），才知道如何照应决定圈的人。

如，先找出决定圈填入，写下**角色**、**性格**、**关系**，然后依此判断出该对应的深度。只要对应合适的深度，就要有进一步的动作，例如：邀请陈科长去泰国参加企业领袖会议，对林专员的测试需求有求必应。

以下深度探讨客户需求的细部规格。

- （参考下方××银行采购规格）

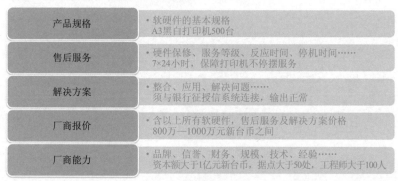

图 3-6　××银行采购评估

- 要知道所有采购流程的时间点。

  同一个主力客户，可能会有好几个年度采购案，每个采购案的时程不一样，但都会有一样的程序：

  ——定规：开出招标书。

  ——提案：邀请厂商来提出建议书。

  ——议价：与厂商协议价格。

  ——签约：须与得标者签正式合约。

  ——交货：照合约日期交货。

  ——验收：陆续装机验收。

  ——上线：开始上线启用。

- 除了知道对手是谁之外，还要了解对手的相关细节：

  ——产品：对手的产品规格。

  ——价格：对手的价格策略。

  ——服务：对手的服务流程。

  ——关系：对手的客户关系。

  ——决策：对手的决策倾向。

- 公司采用的对策，可以直接判断，或参照第16技竞争法的"竞争五策略"，才会更加精准。

15 价值法

给我一个理由，为何要买你的东西

工具▶▶黄金圈销售

目的▶▶学会在销售时，不只能卖性价比，更要会卖价值

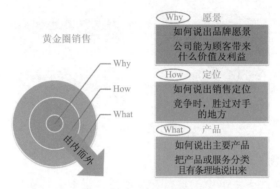

黄金圈销售

Why
How
What

由内而外

Why 愿景
如何说出品牌愿景
公司能为顾客带来
什么价值及利益

How 定位
如何说出销售定位
竞争时，胜过对手
的地方

What 产品
如何说出主要产品
把产品或服务分类
且有条理地说出来

图 3 – 7　黄金圈销售

我在销售领域，最常听到的就是业务在"卖性价比"。卖性价比不是不好，而是可以更好，那个更好就是"卖价值"。

在第二章"沟通力"中，我们曾经谈过黄金圈，谈的是黄金圈的价值沟通；而用在销售力的黄金圈，主要是谈黄金圈的价值销售。黄金圈用于沟通时，Why、How、What 分别代表为什么、怎么做和做什么，而使用在销售时，则会转成**愿景**、**定位**、**产品**。

- **愿景**：如何说出一家企业的品牌愿景，公司能为顾客带来什么价值及利益。
- **定位**：如何说出销售定位，在竞争时胜过对手的地方。
- **产品**：如何说出主要产品，把产品或服务分类且有条理地说出来。

案例 ▶▶某电信公司的黄金圈

有一次我去一家电信公司授课，现场问了学员们一个问题："如果我就站在你的门店，请你给我三个理由，为何要我买你的产品？"现场忽然一片静默。最后有人脱口而出"价格便宜"。各位，如果消费者只看价格，那么 LV、

耐克、保时捷、星巴克及各大著名品牌，应该早就要关门了。

于是我们当场集思广益，一起为这家电信公司找出黄金圈，同样是由内而外，如图3-8：

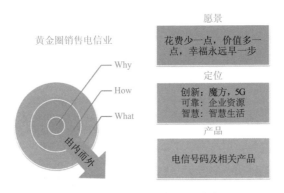

图3-8　黄金圈销售电信业的应用

- **Why 愿景**

  理由：可以钱花得少，买到更多东西，又有幸福感！

  $\sqrt{}$ 花费少一点，价值多一点，幸福永远早一步！

- **How 定位**

  理由：基于这样的价值，我们有创新、可靠、智慧三大定位。

  $\sqrt{}$〔**创新**〕5G 科技启动，魔方收讯无死角。

  $\sqrt{}$〔**可靠**〕郭董强大资源，服务稳健有靠山。

  $\sqrt{}$〔**智慧**〕智慧生活体验，全方位解决方案。

- **What 产品**

  理由：可购买本公司手机及相关 3G 产品。

像这样从愿景、定位、产品，一路由内而外做介绍，是不是比只讲价格要好上很多呢？当时我看到每一双眼睛都亮了起来，仿佛北极星出现在夜空当中，为企业发展指引了方向。其实这就是所谓品牌的故事。

陈老师即战心法补帖▶▶

⊃黄金圈只可用在企业吗

黄金圈的应用范围，除了企业，也可用在个人，因为个人也是一项商品。例如，一样是丰田，为何人家要找你买丰田？所以我建议职场人士，**一定要**

有属于自己的黄金圈。

● 陈老师的个人黄金圈如下:

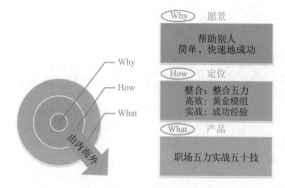

图 3 - 9 陈老师的黄金圈

这张图也是我人生的梦想蓝图。我的愿景就是帮助别人简单、快速地精进,整合、高效、实战就是我一贯的教学定位,而我所指导的课程就是"职场五力实战五十技"。

16 竞争法

客户要的，自己强的，对手弱的

工具▶▶竞争五策略

目的▶▶学会掌握自己的强项，引导客户需求，击败竞争对手，取得最后的胜利

图 3-10 竞争五策略

读大学时，有名中文系的男同学很喜欢班上一名女同学，因为同属中文系，他认为浪漫是最佳的追求方式，常对她吟诗作赋、咏风颂月，大海夕阳、浪漫无限。后来冒出一名体育系的男同学，常带女同学去骑车、爬山，两人开始约会，这名中文系男同学看情况不对，也带她去骑车爬山，但他还是失恋了。

其中的道理很简单——这位男同学"帮人抬轿"。如果骑车、爬山是女同学（客户）的需求，体育系同学（对手）已取得初步优势，自己勉强跟女同学去骑车、爬山，等于是帮对手背书，并加深自己的不利处境。

最佳策略应该是告诉这名女同学，常常看到有人因骑车而发生车祸（对手弱的），浪漫与疼惜（自己强的）才是她最佳的保障（客户要的），这样的方式，才有机会击败那名体育系男同学，取得胜出的机会。自古以来，所有的竞争，赢的一方就是守住 12 个字——**客户要的，自己强的，对手弱的**。

根据这 12 个字，我融合了 NLP 技巧及销售心理学，提出一套模型给读者参考。假设把金钱当作需求，在一场男追女的情境中，"竞争五策略"的运用如下：

一、亮点：客户要，自己强

如果你的女友（客户）是一个喜欢金钱的人，而你（自己）刚好是一个很有钱的人，这种情况属于"客户要，自己强"，你该使用的策略就是"亮点"，而使用亮点的最佳做法就是"**证据**"。简单模拟情境对话如下：

女友：你好久都没送我东西了，有钱人真好。

自己：哎呀，这事就交给我了，目前我手头上有现金3亿元新台币，房子2套，要麻烦你帮我消费一下。

➲谈话中提到的现金3亿元新台币、房子2套，就是**打亮点**的证据，完全不用攻击对手，就可以马上胜出！

二、痛点：客户不要，自己强

如果你的女友（客户）是一个不在乎金钱的人，而你（自己）却是一个很有钱的人，这种情况属于"客户不要，自己强"，你该使用的策略就是"痛点"，而使用痛点的最佳做法就是"**放大**"。模拟情境对话如下：

女友：我不是一个在乎金钱的人，我觉得两人之间的情感是最重要的。

自己：是的，钱虽不是万能的，但没有钱却万万不能的。想想看，你是一个这么孝顺的女儿，将来有一天，父母会年老，而如果你嫁的是一个贫穷的人，那么你就没办法实现终养父母的愿望，这样你就成为一个不孝女了。

➲以上一连串痛苦的诉求，就是**在打痛点**，而打痛点就是要够痛，要够痛就要放大，一般要三层以上。上面的例子，贫穷→无法终养父母→不孝女，就是在放大这个事件的痛点。

为何不能像前面的例子，只强调自己的亮点呢？如果是一件对方不在乎的东西，就表示你这个优点不吸引她，强调亮点自然起不了作用，既然"有你的好处"无法打动对方，当然改弦易辙，提出"没有你的坏处"，而"没有你的坏处"若要生效，一定要让对方够痛，所以才会有夸大的做法。例如：

"没有使用我们公司的材料（不会痛），将会供货不稳定（不怎么痛），而供货不稳定，您的生产线也会跟着不稳定（然后呢），当您的生产线不稳定，就会无法准时交货（会怎样），而无法准时交货，会面临被取消订单的风险（真的吗）。若被取消订单，业绩便会下滑，利润跟着下滑，贵公司随时可能会启动裁员，而这件事情都是因为采购失误引起的，所以您说会裁谁呢？

（我好怕）"

痛点是一个威力很强的话术，甚至有些时候会胜过亮点。2018 年底，有位市长候选人一开场就诉说痛点——"这城市又老又穷，我们要帮年轻人，找到一条回家的路"。之后，在整个选举中他就很容易地取得了上风，因为他触动了大多数人的痛点。姑且不论这位候选人的好与坏，单从销售观点来看，这是一个很精准的选举话术。

三、异点：客户要，一样强

如果你的女友（客户）是一个喜欢金钱的人，而你（自己）刚好是一个很有钱的人，但对手也是个很有钱的人，这种情况属于"客户要，一样强"，你该使用的策略就是"异点"，而使用异点的最佳做法就是挑"对自己有利"的地方来"**比较**"。模拟情境对话如下：

女友：你好久都没送我东西了，有钱人真好。

自己：哎呀，虽然大家都很有钱，但有钱的定义，得要看真正的数字，还要看不动产。像我有 1 亿元新台币，房子在台北，而××（对手）只有 5000 万元新台币，且房子在台中，比较一下，我就比他好多了啊！

◆谈话中提到 1 亿元新台币和 5000 万元新台币，台北房子和台中房子，就是**打异点**的比较，这时候只要能找到对你有利的比较，并说服对方，改变对方的认知，你就赢了！

四、晃点：客户要，自己弱

晃点，听起来很像是在耍赖皮，其实它跟痛点一样，在职场是很经典的一种方法。我们常听到很多人答非所问，并不是他们听不懂，而是问 A 答 B，不用正面回应，才是最佳的回应。

我儿子英文不好，数学很好，有一次月考刚结束，我找他说话，父子对话如下：

我：儿子，这次英文考得如何？

儿子：爸爸，我这次数学考 100 分！

我：我问你英文考几分？

儿子：老师说我这次语文进步很多！

我：那英文到底是几分？

儿子：我有点忘了，我去找一下成绩单，等下跟你说……

（连小孩都会的技巧，可见晃点一点也不难）

你的女友（客户）是一个喜欢金钱的人，而你（自己）刚好是一个穷光蛋，这种情况属于"客户要，自己弱"，你该使用的策略就是"晃点"，而使用晃点的最佳做法就是"**转移**"。模拟情境对话如下：

女友：你好久都没送我东西了，你都没有钱。

自己：哎呀，我就是个绩优股，我的工作很好，很有未来，而且我人很温柔体贴。

🞂像这样不正面回应自己没有钱，转移话题，就是晃点的应用。

五、不点：客户不要，没更强

如果你的女友（客户）不在乎你有没有钱，而你（自己）刚好是一个穷光蛋，这种情况属于"客户不要，没更强"。没更强，包括自己弱或跟情敌一样，这时你该使用的策略就是"不点"，而使用不点的最佳做法就是"**忽略**"，完全不用提，千万不要没事跟女友说，我们虽然穷了点，但我们穷得有志气之类的，没事矮化自己，傻瓜才那么做。

我从小就很讨厌我的单眼皮，我们全家都是双眼皮，就只有我是单眼皮，我常跟我妈抱怨，甚至因此感到自卑，长大后发现，女生根本不在乎男生是否双眼皮，我算是白操心了。

案例 ▶▶X 牌汽车与 Y 牌汽车的竞争

下面这个例子，是 X 牌汽车与 Y 牌汽车的竞争示范，因涉及商业竞争，所以并非完全真实，主要是用来示范"竞争五策略"的话术。

一般买车最常见的需求是品牌、规格、价格、服务、操控、妥善率，业务员跟客户的对话如下：

业务员：您好，欢迎光临 X 牌汽车，请问您最关注的需求是什么？

客户：我很在乎品牌、规格、价格、服务。（很清楚，这四样都是客户端的需求）

业务员：这就对了，我们的服务最佳，连续 10 多年获得影响力评比的冠军〔亮点〕，而只要150 万元新台币，就可以把进口汽车直接开回家〔亮点〕。

客户：那你们跟 Y 牌的规格，看起来差不多啊……

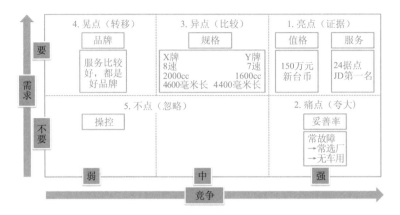

图 3–11　竞争五策略的实际应用

业务员：关于规格部分，容我跟您报告一下，以我们 X 牌跟 Y 牌比较，在排档的部分，是 8 速与 7 速；在排气量 cc 数的部分，是 2000cc 与 1600cc；在车长的部分，则是 4600 毫米与 4400 毫米，所以规格仍是有些差异的。〔异点〕

客户：听起来有道理，但我还是很在乎品牌，这一生没开过 Y 牌，好像怪怪的。

业务员：其实我们跟 Y 牌都是一流的品牌，最主要是我们有很好的服务跟价格。〔晃点〕

对了，您对于妥善率的看法如何？〔以下是痛点〕

客户：都是进口车，妥善率我就没去特别留意了。

业务员：关于妥善率的部分，一直是 X 牌最强，也是 Y 牌最让车主担忧的地方。您想想看，如果妥善率不好，会怎么样？

客户：那就要常常进厂维修啊！

业务员：常常进厂的话，就常常没车可开，您说对不？

客户：对啊，那样很不方便。

业务员：没错，不只是不方便，还可能让您在这期间无法接送小孩，而孩子要自己搭公交车回家，可能会因此产生不必要的危险。

客户：有道理，那请问你们的车交货要多久？

业务员：恭喜您，有库存，不过不多了，喜欢就赶快定下来，您终于圆梦成功，我为您感到开心。

客户：条件能不能再给我好一些。

业务员：放心，我会尽量给您最好的优惠！

陈老师即战心法补帖▶▶

⮑出招的排序

亮点肯定是第一个，而晃点和不点是属于被动性的防御，不会没事提它，就剩下痛点跟异点了。

请问是痛点重要，还是异点重要？这个答案，就能分出业务能力的高下。

答案是：**痛点**。

原因是在进行异点比较的时候，基本上是平分秋色，我们跟对手都会挑选对自己有利的地方做比较。痛点则不同，只要能用痛点唤起客户对它的需求，从原本不在乎变成很在乎，胜算马上会大大提高。

从另一角度来看，若在一开始你没有亮点可言，就是猛攻痛点；如果也没有痛点，就只好在异点一较长短；到最后，选择降价也是致命一招，或是干脆放弃这个客户，把时间花在有希望的客户身上。

最后，有一段话，可能会颠覆你对销售的原始认知，客户的需求，不可一味地配合，而是要去引导他到你的强项来，你才会赢！——**关注你强的，比客户要的，更重要**！

17 谈判法

谈判如演戏，不演还不行

工具▶▶谈判九式

目的▶▶学会掌握人性，在谈判的进退之中，一步步把生意成交

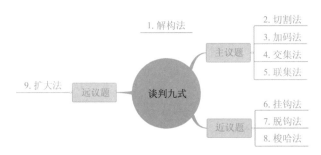

图 3–12　谈判九式

有一天，我陪朋友去买一部车，我们在去之前，就商量过怎么杀价，比如假装不喜欢车款，批评配备不好，假装钱不够，或说哪个业务员报价比他低……。最后，顺利拿到我们要的价格，我的朋友很高兴，其实我不忍心告诉他，那个业务员本来就想给他这个价格，只是配合他演戏，先把价格拉高一些，让他杀价杀个开心而已。

早年我还是业务小白时，常常很老实就把底价直接给了客户，结果当然就无法成交，因为客户总觉得应该要降三次才是正常的，而我已无路可退。这是一个血淋淋的教训，做生意不在谈厚道，而在谈商道，这个配合演戏的商道分上、下集：上集是谈判法（陪客户把戏演完），下集是成交法（要客户给出订单）。

谈判的核心概念

在正式介绍"谈判九式"之前，必须先把基础的核心概念，帮大家建立起来。说到"谈判"，有 2 种类型、8 种范畴、6 种前提、5 种筹码，以下分别说明：

> **2 种类型**

1. **分配型**：就是个输赢赛局，一样的资源，看谁分配得多。

2. **整合型**：就是个双赢赛局，双方都因谈判而得到某种获利。

➢ **8 种范畴**

谈判的应用范畴，大概可分为：（1）日常买卖；（2）人际关系；（3）跨部协商；（4）企业交易；（5）合约签立；（6）劳资对立；（7）政治议题；（8）国际会谈。（这里的谈判 9 式以日常买卖及企业交易为主）

➢ **6 种前提**

1. **希望**：谈判好像过隧道，永远要给对方一片亮光，对方才有信心跟你谈下去。

2. **策略**：谈判是先想好，才会出手，就像我们的"谈判九式"一样，做完功课才能出门。

3. **互惠**：必须是"赢者不全赢，输者不全输"的感受。这里讲感受，不讲得失，就是说谈判过程也是种感受。

4. **交换**：没有是或不是，只有如果。简单来说，每次交手，都要用交换的角度来回应，你给我什么，我就给你什么。

5. **过程**：谈判像演戏，不演还不行。这里点到了谈判最基础的核心，你我都大概知道彼此的牌，演得好就成交，演得不好就失败。人生本是一出戏，当然谈判也是。

6. **台阶**：谈判的结果，不管输赢，一定要给对方面子，他就会让出里子。

➢ **5 种筹码**

既然是谈判，就得算算彼此的筹码，免得把这出戏演得荒腔走板。谈判筹码共有 5 种。

1. **力**：谈独特及扩大。

有独特性的人较容易赢；谁能扩大对自己有利的战局就比较容易赢。

2. **理**：谈行情与情报。

谁掌握更多的市场行情及对方的情报，比较容易赢。所谓"信息不对称"，就是指掌握信息的差异。

3. **利**：谈利益与损失。

要去估算他跟我谈有何利益，以及不跟我谈有何损失。

4. **情**：谈人脉与信任。

有时买卖不全是利益关系，不计较得失，有时就是个甘愿。讲白一点，要死也要死在你手上，谁叫我喜欢你。

5. **时**：谈急迫与时机。

谁急谁输，所以急也要装不急；时机指的是目前时机是否对自己有利。

在掌握谈判的核心概念之后，接着就要为大家逐一介绍最经典的谈判九式。不过要先说明的是，真正在谈判时，并不会每一次都出现这九式，而是会依照实际情况而应变，但是大家要先把这九个马步扎下，将来才有办法好好运用。

不同于其他的工具，"谈判九式"非常特别，是先由起手式——解构法，将谈判议题切成主议题、近议题、远议题，再进一步分出其他八式：

- 主议题→切割法、加码法；交集法、联集法。
- 近议题→挂钩法、脱钩法、梭哈法。
- 远议题→扩大法。

▶ **解构法**〔第一式——起手式〕

解构法是制高点，先把主议题、近议题、远议题架构出来。"主议题"就是这次谈判**主要的事件**，而"近议题"是可用来**杠杆的手段**，"远议题"则是可用来拉抬**合作的高度**。先有这三个架构，才能做出一个个口袋，把客户顺势拉进来。

一、主议题

▶ **切割法**〔第二式——谈事〕

主议题的第一招，就是**把谈判的交换元素做切割，以利谈判时的筹码交换**。交换元素切得越细，交换起来越是灵活。例如：我们去买杯子，老板开价一个 100 元新台币。首先，我们把这个谈判筹码切割成价格、数量、现金、规格，然后就可以跟老板出价：

买家：我买 2 个，算我 180 元新台币。（数量换价格）

买家：我用现金，算我 90 元新台币。（现金换价格）

买家：我买小的，算我 70 元新台币。（规格换价格）

▶ **加码法**〔第三式——谈事〕

当切割法有点不稳妥时，就端出**额外加码，它可以算是切割法中某个筹码的放大，有镇定说服的效果**。例如：

买家：以上 180 元新台币。（老板不答应，再考虑加码）

买家：老板，不啰唆了，我买 3 个，270 元新台币，结账。

（从买 2 个到买 3 个，是一种加码的概念，它就是切割法的延伸）

> **交集法**〔第四式——谈心〕

谈判时，有时因彼此立场不同或角度不同，很容易把话题谈僵了，这时最好的方法就是**抓出彼此交集的部分，努力求同，才会产生同样的情感反应。**例如：在前公司工作时，我常常要去跟渠道谈进货，每次都不停地在高库存环节打转，这时候只要谈到如何拉高销售，就会马上搭起彼此的互信桥梁，因为销售才是彼此共同关注的议题。

> **联集法**〔第五式——谈心〕

求同就是为了存异，这个存异就是联集法，它是个连续剧。当谈完销售目标及提供资源时，我就会马上提到进货，而对方会提出库存要守在几周，这样就能很快达成共识。所以，我们不谈进销存，都是谈销进存，跟朝三暮四改成朝四暮三的道理一样，横竖加起来都是七，但因为关注顺序改变，很自然就会产生不同的感受。

二、近议题

> **挂钩法**〔第六式——谈杠杆〕

这是近议题的第一招，如果**主议题搞不定，就需要到近议题去找一个有利的筹码来扩充战线。**我过去在和渠道的谈判中，最常见的就是把产品线拉宽，当 A 产品谈不拢时，就拿 B 产品来挂钩。当然 B 产品需要是有利的筹码才行。挂钩可分为正挂及反挂：正挂就是你如果给我 A，我就给你 B；反挂则是你不给我 A，我就不给你 B。内容一样，说法不同而已，一杯是敬酒，一杯是罚酒，看情况出招。

> **脱钩法**〔第七式——谈杠杆〕

当对方也使用挂钩法，欲钩出一个对他有利、对我不利的东西，而我又不想用来交换时，就要用到脱钩法，**找一个理由赶快把它给撇开，免得让自己掉入陷阱之中。**例如：客户说："你如果要我给你 B，你就得给我 C。"而这 C 是你给不起的，你就说："我是很想帮你，但 C 不归我负责，我只能代你转达。"

> **梭哈法**〔第八式——谈杠杆〕

这是近议题的最后一招，最主要是**如果自己的全线筹码够强，且这一局对自己很重要，必要时，得"梭哈"**（网络流行词，原意为扑克游戏中的"梭哈"，在魔兽世界中的意思为，清除所有分数，以换取一件装备）一把。例如："如果这次不进单，那我们考虑要把所有产品的代理权拿掉。"但是这一招要小心使用，就怕对方不买单，自己一点退路都没有，只能换人来收拾残局。或用另一种**受害者的身份打感情牌**，例如："这次你真的要帮我进单，因为我很担心以后资源再也进不来贵公司，那我们两个都会很惨。"这招有时很管用，绵里藏针，且巧妙地把自己跟对方的命运绑在一起。

三、远议题

> **扩大法**〔第九式——谈合作〕

当前八招都无效，就得使用最后一个戏码，就是**把议题拉高到合作层次，或放出很独特的筹码**。一般远议题都会很高大上，例如："就让我们联手，一起共创市场。如果这次你肯帮我们，我们将来会考虑给贵公司一些首卖或独卖商品。"扩大法也可想成是一种整合型互利之谈判，它会让人有一种"很有远见""很有未来"的感觉，这招是很有威力的，但建议由高层来执行。

案例 ▶▶ ××银行的打印机进货

这是我之前任职外资公司时，和属下去拜访××银行的实际案例，当时两方谈判的情境对话如下：

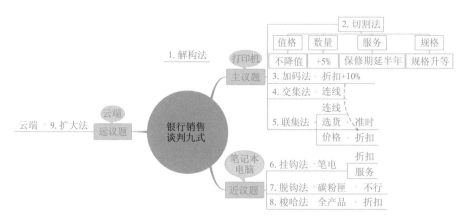

图 3-13 银行销售谈判九式

首先，切出主议题为打印机，近议题为笔记本电脑，远议题为云端。〔解构法〕

接着，将谈判交换元素切割出价格、数量、服务、规格。〔切割法〕

客户：关于打印机进货，价格能否再便宜一些？

（以下举例三种方式）

我：价格无法再低了，除非量再增加5%。（数量换价格）

我：价格无法再低了，我可以加长保修期半年。（服务换价格）

我：价格无法再低了，我可以拉高规格交货。（规格换价格）

客户：这样高的价格，预算实在不够啦……

我：〔加码法〕这样吧，如果你下完这张单，我试着去跟领导要个特惠价格。

客户：价格如果没达到我们的要求，可能无法采购！

我：〔交集法〕我们共同议题是保证主机连线没问题，只要连线没问题，一切都好谈，OK！

客户：如果连线成功，到时价格要真的算优惠给我们公司……

我：〔联集法〕没问题，如果主机连线确定成功，你负责把进货订单准备好，我来努力争取优惠价格……

客户：尽管如此，贵公司价格确实高很多……

我：〔挂钩法〕如果你帮忙打印机的进货，我就在笔记本电脑上面，也提供类似的折扣与服务给你……

客户：那你能否帮我顺便谈一下贵公司碳粉匣的价格？

我：〔脱钩法〕碳粉匣不是我负责的产品线，我只能代为转达。

客户：关于打印机进货，真的有点难度，老板不知签不签……

我：〔梭哈法〕告诉你老板，如果这次没谈成，我担心以后对贵单位的现有折扣优惠都没法保留，那时我们两个都会很辛苦。

客户：如果我老板真的很难谈，怎么办？

我：〔扩大法〕这样，我再帮你一把，如果这次能顺利合作，我们可以再定制一个云端打印服务，为贵公司带来更多的利益。

客户：就这么办，我去找我老板谈！

陈老师即战心法补帖▶▶

● **谈判、沟通、辩论，有何不同？**

谈判是为了成交。沟通是为了理解。辩论是为了输赢。

所谓销售，就是为了要达成交易，所以在销售中，就会大量使用谈判技巧。另一方面，在进行销售时，谈判可说是一种总体策略布局，所要考虑的角度比沟通、辩论来得多，是属于不同的层次。

⊃谈判技巧补充

如果你打算有 10 万元新台币空间可做让步……

幅度：分四次，甲、乙、丙三种让步方式，请问你会选哪一种？

甲：4→3→2→1

乙：2.5→2.5→2.5→2.5

丙：1→2→3→4

答案是甲，用由大而小来告诉对方你已经到底了。

次数：一般是三到五次最佳。谈判千万不能一次全部让出，否则就算是真的，对方也不会相信；也不要一次又一次地小退让，这样会让人觉得诚意不足。

间隔：要掌握好节奏。不要太急，间隔如果很快，代表你之前是不诚实的；也不要太久，怕会无法谈成。

如果劳资双方都有谈判经验，他们的退让幅度由大到小，次数分三到四次，其中还故意谈成僵局，且间隔没有太快或太久，正好回应了谈判法的一句口诀：**谈判如演戏，不演还不行！**

18 成交法

没有成交，一切都是多余

工具▶▶成交十八招

目的▶▶通过成交话术，引发对方的决定，进而达成销售的目标

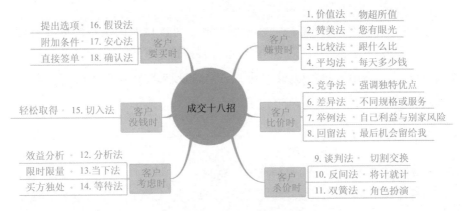

图 3－14　成交十八招

当谈判演完戏之后，接下来就会进入短兵交接，来到销售的最后一里路——成交。关于成交话术有很多不同的套路，为便于读者吸收运用，我依时间段分成六大类，分别是：**客户嫌贵时**、**客户比价时**、**客户杀价时**、**客户考虑时**、**客户没钱时**、**客户要买时**，再往下逐一开展"成交十八招"。

成交话术跟谈判技巧一样，都是以改变客户的心理认知为主，在进行完前一段的谈判后，若能搭配成交话术，会更具销售威力，让你销售之路更上一层楼。有关这十八招成交话术，分类介绍如下：

一、客户嫌贵时

> **价值法**〔第一招——物超所值〕

当客户嫌贵时，其实不一定是嫌贵，而是在想到底值不值。所以，只要让客户觉得价值＞价格，就算过关了。

> **赞美法**〔第二招——您有眼光〕

基本上，好东西＝价格贵＝有眼光，所以称赞客户有眼光，可瞬间化解

他嫌贵的心态，就像名车是不能乱降价的，因为降价就无法显出他的眼光及品味。

> **比较法**〔第三招——跟什么比〕

通常嫌贵，就要帮客户找到心理的平衡点，例如嫌奔驰贵，就问他跟什么比，然后拿一个更贵的保时捷跟奔驰比，让他取得心理平衡，他的认知就会改变。

> **平均法**〔第四招——每天多少钱〕

一般产品都有其使用寿命，客户嫌贵时，可以用时间来平均稀释，自然就不会觉得贵。例如某样产品要用 10 年，若价格是 5 万元新台币，那么一年就是 5000 元新台币，再除以 12 个月，月单价就变得微不足道了，这跟 20 年房贷是同样的道理。

二、客户比价时

> **竞争法**〔第五招——强调独特优点〕

当客户拿 A 跟 B 比，说 A 比较贵时，只要把 A 跟 B 放在一起看，提出 A 的价值大于 B 的价值，自然会过关。竞争法跟第一招价值法很像，只是此处有既定的竞争者做比较。

> **差异法**〔第六招——不同规格或服务〕

差异法是竞争法的延伸，进一步指出差异的细节，特别是对产品规格及服务内容会细细比较的客户。

> **举例法**〔第七招——自己利益与别家风险〕

举例法可分成两路：一路是正面举例，诉求自己的利益（追求快乐）；另一路是负面举例，暗示别家的风险（逃避痛苦）。例如，"某客户用了我们家的食品，小孩长得健康强壮"，这是正面举例；"某某企业买到不好的计算机主机，在年底客户总结账时出现问题，给公司带来巨大的损失"，这是负面举例。

使用正面举例或负面举例，要看当下你的竞争态势是占上风还是处于下风。占上风就直接正面举例，让客户快乐；处于下风就转为负面举例，让客户害怕。至于用法是否有一定规则，还是要视情境而定。

> **回留法**〔第八招——最后机会留给我〕

这招的灵感来自卖车的学员，他说每一次客人来到店里，看完车，报完价，之后有很高的比例都不会再回来，就算是一样的价格，客人也会在最后一家停留购买。这牵涉到心理学，这么多卖方，不好好比完一轮，是不该下单的，因为货比三家才不会吃亏。

事实上，我们并不需要当场降价给他，因为他只会拿你的价格去压别家，然后一样也不会再回来。要知道客户比价是常态，重点是如何能让客户再回来，给你这最后的出价机会。后来学员跟我说，只要在客人准备离去时，多加一句："请您一定要再回来找我，我一定让您满意。"回头率就真的变高了。

这个答案很简单，因为如果你没有恳求客户回来，客户若是真的再回来找你，他会觉得没面子。所以，何不帮客户制造一个台阶，让他很自然地再回来找你呢？

三、客户杀价时

▷ **谈判法**〔第九招——切割交换〕
可参照"谈判九式"中的切割法，切割法用在客户杀价时，特别有用。

▷ **反问法**〔第十招——将计就计〕
有时客户杀价，正好落入你的可承接区块，不要急于答应，不妨很委屈地问客户"是否这个价格就会愿意接受？"做一个顺势的反抛球动作，以准备下一回合的成交。

▷ **双簧法**〔第十一招——角色扮演〕
有些客户会有种心理，希望能买到主管的让价权限，这时主管就得出场唱双簧了。这招又分正、反两招：正招，就直接顺势降价承接；反招，可当场抱怨业务员怎么自行降价，让客户觉得原来业务员对他那么好，然后再勉为其难地答应降价承接。

四、客户考虑时

▷ **分析法**〔第十二招——效益分析〕
有时客户考虑，是因为想好好分析，怕自己一下子昏了头乱买东西。很多成交也都败在这里，答案很简单，买东西需要冲动，而冷静正好是抑制冲动的良药。

这时可以好好分析给客户听——表面是分析，其实是另一种要他"继续不理智"的动作——让客户觉得他已经面面俱到地评估完成。最常用的分析技巧，就是**让好的关键词比坏的关键词多一点**。

例如："是的，理财是让你感觉到'花钱'，但却换来了'强迫存款''财富升值''抵抗通胀''人生保障'。"在使用的关键词中，坏的比好的是1∶4。关键词是有重量的，会让客户很自然地觉得经过"分析"后，利大于弊，但其实那四个好的可能是同一件事，只是不同说法而已。

> **当下法**〔第十三招——限时限量〕

限时限量，就是要制造客户"可能错过"的急促感。2018年中国台湾的电信业的价格乱象，有人吊着点滴去排队，就是一例。其实明眼人一看就知道，最终活动会持续，各家全面开战，只是商家抓住民众"过了这个村，就没那个店"的心理而已。

> **等待法**〔第十四招——买方独处〕

买东西，总得让人家讨论一下，想一下。各位有没有这种经验，正在试衣服，旁边店员一直问东问西，就干脆不买了？其实不用去惊扰客户，只要保持微笑，不急躁，安心等待，该买的自然会买。

五、客户没钱时

> **切入法**〔第十五招——轻松取得〕

有一次，我在宠物店看到一对母子为了买狗而争吵，妈妈嫌养狗麻烦，儿子硬要抱回家养，后来店员说："就先带回去吧，不喜欢再送回来。"妈妈当然说好，先满足儿子再说，或许养几天就腻了。结果几天后，是妈妈想要养，因为人跟狗是会产生感情的。

在这类事情上，我也吃过大亏。家里的水电换修，我想在家附近找个长期合作的水电师傅，就找了一个貌似不错的店家，一开始他都来免费检查，之后相谈甚欢，我就很信任他，一次又一次豪爽地更换灯管与家电……多年后才发现，他的报价是其他家的两倍。

这件事告诉我，在商场上，不要过于相信别人的"无端好意"，其中可能潜在了一些企图，所以客户说他预算不够时，可以先请他买个小东西试用。如果是卖车，就可采用分期付款零利率，直接开回家之类的。

六、客户要买时

> **假设法**〔第十六招——提出选项〕

假设法可用在客户已经要买的时候，简单来说，就是让生米煮成熟饭。

例如："请问这个货何时要送? 要什么样的颜色? 车要登记谁的名字?"过去我曾用过一次险招,跟采购说使用者要先应急,然后跟使用者说采购让我们送一台给他们先试用,之后就顺理成章地成交了……

➤ **安心法**〔第十七招——附加条件〕

要签单的时候,有时需要给客户"稳赢"的感觉,此时不妨给个安心条款,例如买贵退差价之类,或承诺给予什么样的服务,白纸黑字,会让客户更放心。

➤ **确认法**〔第十八招——直接签单〕

这一招堪称经典! 记得我第一次买进口车时,那时市价约 207 万元新台币,业务员递给我一张空白订单,要我自己填价格。因为本就有点想买,我当然很不客气地写 190 万元新台币,结果那业务跟我说:"陈老板,不要这样啦,这是旧款的最低价,这样子好了,市价 207 万元新台币,今天你人都来了,我给你 205 万元新台币,我就真的签了。"

请问,这一招狠在哪里呢? 关键就在那一张订单。其实我也知道不会以 190 万元新台币成交,但我写 190 万元新台币时,已经在心里头不知不觉中种下了成交心锚,非买不可了。

案例 ▶▶A 牌轿车销售案例

A 牌轿车一直是本地的第一品牌,我把十八招成交话术串成一个 A 牌轿车的销售故事,这样更有助于读者体验与理解。

客户:A 牌车要价 80 万元新台币,太贵了啦!

业务员:〔1. 价值法〕因为 A 牌车质量好,物超所值。

客户:尽管如此,还是太贵了啦!

业务员:〔2. 赞美法〕您就是这么有眼光,一眼就看到我们 A 牌是好车。

客户:A 牌车,我是喜欢,不过 80 万元新台币真的有点贵。

业务员:〔3. 比较法〕请问是跟什么比? 跟其他本地车比,是小贵了点,但比起进口车,我们的价格就实在太优惠了。

客户:跟 B 牌本地车比,足足贵了 4 万元新台币!

业务员:〔4. 平均法〕您算一下,一辆车要开个 10 年吧,平均一年多出 4000 元新台币,除以 12 个月,每月只要多个 300 元新台币,等于一天 10 元新台币,您就能在这 10 年间享受一台最超值的好车,这还不包含安全保障以及带来的尊荣和旧车转卖残值，根本就是赚到……

客户：但A牌车跟B牌车比，真有比较好吗？

业务员：〔5. 竞争法〕我们A牌车，品牌第一，妥善率第一，您一定会喜欢的。

客户：还有其他不一样的地方吗？

业务员：〔6. 差异法〕除了妥善率，规格及档次也都不一样，而且服务等级更是不一样啊！

客户：但有朋友说B牌也不错呀！

业务员：〔7. 举例法〕我有个客户也是这样说，后来他真的去买，之后很后悔，因为车子不稳定，服务也做得不好，很惨。

客户：但一样是A牌车，你报价好像比别家贵。

业务员：〔8. 回留法〕这样好了，麻烦您帮我去比比价格，到最后请您务必再回来，我会根据您探到的价格，跟公司做争取，也会提供给您最好的服务，一定要回来！

客户：再降5万元新台币，我就跟你买！

业务员：〔9. 谈判法〕这样吧，一样车价，我给您6万元新台币的赠品，如何？

客户：我还是比较想要降5万元新台币。

业务员：〔10. 反问法〕您的意思是再降5万元新台币，您就会买吗？

客户：是的，我愿意好好考虑。

业务员：〔11. 双簧法〕这价格已经到我领导的权限了，您如果喜欢，容我去跟我领导大力争取。

客户：不过，我还得回去跟我太太商量，再想一想……

业务员：〔12. 分析法〕好的，其实如果喜欢，真的可以买。您想想看，虽然您需要花80万元新台币，但是从此它就带来了高贵、安全、方便、乐趣，整个人生也因为这样而升级了。当人生升级，能量一高，工作就顺利，就会赚到更多的钱……

客户：好像也对。

业务员：〔13. 当下法〕其实喜欢这款车的话，真的可以买，而且您要的颜色也快卖完了，何不及时圆梦呢？

客户：我还是得跟我太太商量一下……

业务员：〔14. 等待法〕好的，您们慢慢讨论，慢慢考虑，毕竟是个大事，若有任何问题，欢迎随时找我。

客户：但是我在资金上有点短缺……

业务员：〔15. 切入法〕关于这点，我可以帮您跟贷款部门争取零利率分期如何？只要10万元新台币首付款，这车子马上开回家。

客户：嗯，看来不错……

业务员：〔16. 假设法〕请问您车子要什么颜色？要登记的名字？

客户：白色，登记我太太的名字。因为我工作较忙，将来可否来帮我送车去保养？而且我很需要车子，若出险期间，可否提供代步车？

业务员：〔17. 安心法〕当然没问题，都会写在订购单上面。

客户：好的，您的服务真好。

业务员：〔18. 确认法〕最主要是要您买得开心，开得安心。订购单就在这里，请您在上面签个名，这样就可以了，再度恭喜您圆梦成功！

陈老师即战心法补帖▶▶

○ 要按照顺序出招吗？

成交十八招的话术顺序，是为了帮助读者吸收与记忆，真正在应用时，顺序当然会随着客户的询问而有所不同，且其中很多招式可重复使用。例如价值法在很多地方都用得上，不一定只用在客户嫌贵时，在客户比价时、客户杀价时也都适用。

一开始可先扎稳马步，顺着流程，一招一式慢慢体会及应用，等到融会贯通，自然就能随意出招了。

○ 卖东西，要因人而异

运用成交十八招时，要先判断客户属于哪一类型的人，一样米养百样人，卖东西要因人而异。

下面分类选项是我的整理归纳，可供参考：

关系：□生客卖礼貌

　　　□熟客卖热情

性子：□急客卖效率

　　　□慢客卖耐心

财力：□没钱卖实惠

　　　□有钱卖尊贵

态度：□小气卖利益

　　　□豪客卖仗义

　　　□挑剔卖细节

　　　□随和卖认同

　　　□犹豫卖保障

追求：□专业卖内涵

　　　□享受卖服务

　　　□时尚卖品味

　　　□虚荣卖荣誉

基本上，每个客户都是这五种分类的综合体。例如，门店来了一个看车的客人，跟他聊过后，判断出：

他是个**生客、慢客，有钱、挑剔、虚荣**的人，

那就用**礼貌、耐心、尊贵、细节、荣誉**来服务他。

催眠法

利用暗示话术，引导对方意念，进而达到目的

工具▶▶催眠九式

目的▶▶通过催眠语言，在无形之中说服客户，加速客户的行动

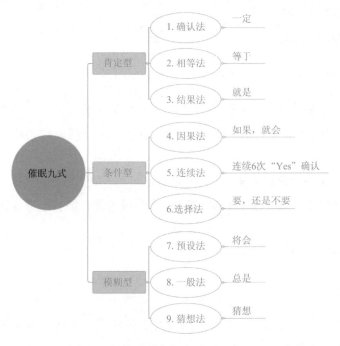

图 3–15　催眠九式

所谓催眠话术，就是利用暗示，说出某些"特定用词"，引导对方意念，使其处于高听话度状态，进而达到自己的期望。催眠的相关话术很多，研读及理解不易，所以我就将"特定用词"简单分为**肯定型**、**条件型**、**模糊型**，让读者能迅速套表应用。

在销售过程中，加入这些催眠用词，会让销售更快速、更顺利，尤其是在最后的成交签约阶段，一定不能让客户"醒"过来。这些分类，一是平均状况，二是帮助读者快速理解，当真正在使用时，不一定要这么死板。以下依类型简单介绍"催眠九式"：

一、肯定型

肯定型的催眠用词，一般是对比较随和的人。既然是随和的人，一定较容易相信别人，也易于接受他人指令，所以就给予直接的肯定句。肯定型的用词有以下三种：

1. 确认法→**一定**。

2. 相等法→**等于**。

3. 结果法→**就是**。

二、条件型

条件型的催眠用词，一般是对比较理智的人。既然是理智的人，一定较喜欢经过逻辑推理，才会接受他人指令，所以就给予间接的条件句。条件型的用词有以下三种：

4. 因果法→**如果，就会**。

5. 连续法→**连续6次"Yes"确认**。（一般人的大脑若经过6次的Yes确认，第七次就会进入自动Yes确认模式）

6. 选择法→**要，还是不要**。

三、模糊型

模糊型的催眠用词，一般是对比较有主张的人。既然是有主张的人，一定较喜欢以自我判断为主，操作方式就是让他自己催眠自己，所以用词需要模糊，让他自己"对号入座"。模糊型的用词有以下三种：

7. 预设法→**将会**。

8. 一般法→**总是**。

9. 猜想法→**猜想**。

案例 ▶▶X牌汽车业务的催眠话术

人都是有潜意识的，潜意识可以透过催眠话术被唤起。买一辆好车，常常是很多人的梦想，所以汽车业务员多使用催眠话术，会为销售加分。卖车话术参考如下：

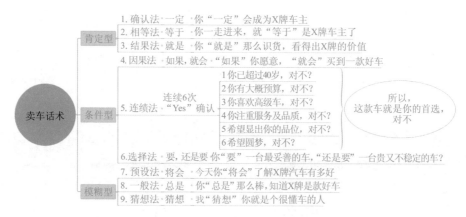

图 3 – 16 催眠九式卖车中的应用

陈老师即战心法补帖▶▶

⊃催眠话术也可用在生活中

有一次儿子考试考不好，我大声斥责他，问他到底是什么原因？他跟我说了一些话，让我反省很久，也在小孩身上学到很宝贵的一课。

他跟我说，他一直不太有自信，是因为有一次他没倒垃圾，我骂他："你就是这么差劲，将来出社会一定是个败类！"从那一次起，他就一直觉得自己是个没有用的人。如果我当时说："你就是那么聪明的小孩，好好把这件事做好，你将来一定会成功。你要选择成功，还是要失败呢？"

"良言一句三冬暖，恶语伤人六月寒。"一个当企业讲师的人，天天在鼓励学生，却无法好好鼓励身边最亲近的人，这对我是一次多么深刻的教训。用催眠用词正面鼓励他人，是这个世上最宝贵的礼物，就从对待身边的人做起吧。

20 管理法

客户如朋友，是分等级的

工具▶▶客户四管理

目的▶▶通过客户分类，找到最佳化销售管理策略

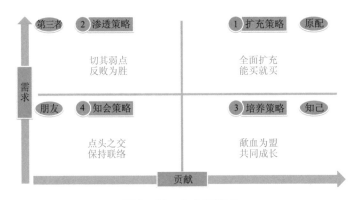

图 3-17　客户四管理

只要是从事销售工作的人，手上都会分配到一些客户，可能是行业区分，可能是地域区分，也可能是随意分配。问大家一个很简单的问题，你对待每个客户的方法，都是一样的吗？

因为书上没有写，领导没有教，自己也不曾想过，只要是客户，应该殷勤对待就对了。

如果是这样，那就错了！朋友都会有分类和等级，客户怎么会没有呢？"客户四管理"是我在外企当主管时领悟到的客户管理之道，各位一定要好好体会！

首先，你要依客户的需求大小和贡献高低，把客户交叉分成四类，然后进一步做差异化管理。在此先把需求及贡献做个简单说明：

需求：就是**客户的预算或采购金额大小**，通常会以年度为时间单位计算。

贡献：就是**客户对你的年度采购金额/年度总采购额**，可说是"荷包占有率"，也是一种"忠诚度"的表现。

以下举例说明这四类客户的特性及策略：（为了容易理解，我用原配、第三者、知己、朋友来打比方）

一、买方需求大，贡献高（卖方角色：原配）

● **特性：大而忠**

这类客户需求度大，预算大，属于有钱的客户。而他对你的贡献度高，也就是忠诚度高、占有率高。

● **策略：扩充策略（全面扩充，能卖就卖）**

举个例子，某个客户平常消费大部分都在7-11便利商店，这个客户就是老公，原配是7-11便利商店。原配的做法是采用扩充策略，老公要什么，就尽量给他什么，所以你会看到7-11便利商店（原配）不断引进新东西，吃喝玩乐，应有尽有，就是要全面满足客户（老公），让他没有机会跑去别的便利商店消费。

二、买方需求大，贡献低（卖方角色：第三者）

● **特色：大而不忠**

这类客户需求度大，预算大，属于有钱的客户。但他对你的贡献度低，也就是忠诚度低、占有率低。

● **策略：渗透策略（切其弱点，反败为胜）**

举个例子，维士比饮料刚上市时，当时保力达饮料已成功经营出槟榔摊及所有实体渠道，任何竞争者想要切入这个市场，槟榔摊及经销商就会遭到保力达的施压。如果这些喝药酒的人是老公，维士比一开始的处境就是第三者，保力达是原配，这些喝药酒的男人，只有在买不到保力达时，才来喝喝维士比。而维士比（第三者）跨越保力达（原配）护城河的方式，并不是直接去挑战保力达，而是采用迂回渗透，既隐秘又有效。

因为维士比观察到，许多工地工人上班时间想喝保力达，就得溜出去槟榔摊买，手脚一定要快，才不会被领导发现脱岗。算准这个需求，维士比一开始就不用槟榔摊渠道，反而开辟比槟榔摊更方便的货车直送，把一辆载着满满维士比的货车直接开到工地，向工人推销"和保力达口味差不多，但价格更便宜"的维士比，甚至提供试喝，这一招立刻让许多工人买单。

这些货车都在工地来回穿梭，具有移动快、不易被对手发现的特性，且对工人来说，方便性十足。当保力达发现铺货量减少时，一时间还找不出"元凶"，也不知道如何反应，等到惊觉事态严重，大好江山已经丢掉三成。

更麻烦的是，工人们在接受了维士比的口味之后，开始主动向槟榔摊指名要买维士比。从终端市场逆向发出的需求力量，逼得槟榔摊主动要求维士比铺货，再顺势搭上周润发的广告"福气啦!"，维士比终于奇迹般成功逆转，一举领先保力达，这一仗在营销历史上堪称经典。

我拆解这个案例的个中缘由，维士比在工人心目中的地位就是第三者，而第三者上位最佳方法就是渗透策略，找到原配顾不到的地方，努力低调经营即可。原因何在?

读者不妨回想很多第三者高调跟原配抢食大饼的下场，绝大多数都是大败而回，因为当你高调挑战时，原配自然会警觉而全力反击；相反，如果第三者很低调、贴心、小心经营，不吵不闹，百般温柔，当男人开始动心，再等待时机成熟，全力反攻，就可能逆转一举攻下，取原配而代之。

我在前公司服务时，有一间很大的银行，年度需求很大，却一直不在我们的主力名单内。有一次，我就很好奇地问属下，为什么这么大的客户，却不是我们的主力名单呢? 她的回答是："因为这银行对我们的采购量不大。"我马上跟她说："不是客户小，是你做得小!"

她当时跟我解释，过去曾努力争取过几次，但任何试图要进去的竞争者，都会被主力供应商大力击退，干脆就放弃了。后来我建议属下对这家银行采取渗透策略，一开始专做主力厂商不做的那一小块，很认真地把它做好；同时一面说服客户，我这个第三者的存在，刚好可以制衡原配的骄纵，两家争宠，客户才是最大的赢家。

慢慢地，客户终于割出一些原本属于主力供应商的生意，到最后我们的占有率竟然大于原主力供应商，而当主力供应商（原配）警觉时，为时已晚，我们已"坐稳江山"。

三、买方需求小，贡献高（卖方角色：知己）

● **特色：小而忠**

这类客户需求度小，预算小，属于没钱的客户。但他对你的贡献度高，也就是忠诚度高、占有率高。

● **策略：培养策略（歃血为盟，共同成长）**

以前有家社区型单点的3C门店，对我的前公司忠诚度很高，除非客户硬指名要别家品牌，他都只卖我前公司的3C产品。尽管如此，实际营业额仍然很低，因为他就那么一家店面。像这类渠道，就是要把它做大，鼓励他多开店面，当他的知己，用心培养他、协助他，当它变大，营业额自然也跟着变大。

四、卖方需求小，贡献低（卖方角色：朋友）

● **特色：小而不忠**

这类客户需求度小，预算小，属于没钱的客户。而他对你的贡献度低，也就是忠诚度低、占有率低。

● **策略：知会策略（点头之交，保持联络）**

这类客户，可能是一般长尾客户，我们就当他朋友就好，随时用邮件或通信工具联络他，或用电话营销照顾他，偶尔发动一些促销，顺其自然就好。

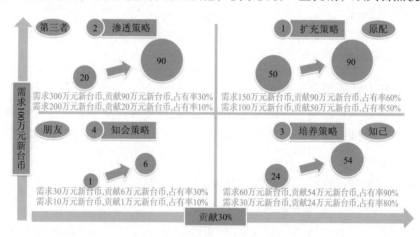

图 3 - 18　电信公司的客户管理矩阵

案例 ▶▶ 电信公司的销售管理

图 3 - 18 是某一家电信公司的客户管理矩阵，以四个客户做取样，矩阵区块内箭头左边是去年的状况，箭头右边是今年的目标，需求以 100 万元新台币为大小分界，贡献以市场占有率 30% 为高低分界（这部分可依照各公司自行定义）。

有一门为公司主管开的销售管理课程，除了指导主管们策略式销售流程之外，还要指导他们如何对属下做销售管理。我告诉他们，做销售管理，除了要看业务手上案子够不够多之外，另一个就是要进一步做客户分类管理，而**"客户四管理"就是客户分类管理的最佳工具。**

其重要顺序是❶→❷→❸→❹，但关注顺序为❷→❶→❸→❹，也就是说象限❷才是公司最需要去关注的客户，因为象限❷生意需求很大，且因占有率低，潜在成长机会最大。关于这一点，主管必须牢记，绝大部分的业务不会拿石头砸自己的脚，象限❷的客户越多，业务员的压力越大，主管要正面鼓励员工，多多去挑战这类客户，赢则有功、输则无过，这样才是个正向的战斗单位。

另外，这也是一个目标设定的方法。

⇨市场占有率＝贡献（绩效）÷需求。

目标设定的重点，就是每家客户的市占率要提高（也就是成长速度大于对手）。这是一种相对性的概念，这样对所有的业务员才是公平的，甚至应该拿出更多的资源，去鼓励主动攻打象限❷的员工。

陈老师即战心法补帖▶▶

⇨**销售，就是要有客户**

只要谈到销售，就一定要提客户名单，而这些客户名单，需要经过分类，再根据分类采取最适合的策略，这才是一个优秀的业务人员或主管该具备的思维。

所以通常在授课时，我都会问业务员三个问题：

Q1：你们客户名单在哪里？

一般回答：客户名单，就是过去有买过的，以及未来随机被分配到的，或转介绍的。

Q2：你们客户怎么经营管理？

一般回答：就是随时保持联络，有空去看看他们。

Q3：你们客户目标怎么设定？

一般回答：上年乘上1.1，就是当年目标啊！

其实，这三个问题，答案都在"客户四管理"中。

再告诉各位一个秘密，要成为顶级销售员并不难，因为大多数的业务员甚至主管，并不知道这个客户分类管理工具！

21 销售整合——策略式销售三大流程

照着流程走，你就变高手

案例 ▶▶陈老师对某科技公司的销售课程提案

下页这张销售整合思维导图，蓝色部分就是案例内容。这是一个真实的销售提案，客户是某一家科技公司的人事主管。希望各位对客户提案时，能先将整个"策略式销售三大流程"走一遍，才会大大提高胜算。

一、亲和

试着与人事资源主管同步视觉、听觉、感觉。

➤ **亲和法——亲和三感官**

- **镜射法**：视觉同步→动作小，爱比画，坐姿端正。
- **共振法**：听觉同步→说话速度慢，音调稳，讲国语。
- **同理法**：感觉同步→〔性格〕属猫头鹰，爱流程，爱细节；〔九同中的五同〕同年（都是五年级），同好（他是内部讲师），同类（同为巨蟹座），同职（同样任职科技业），同道（都喜欢通过演讲帮助别人）；〔回溯〕他曾经是该公司顶尖销售人员，每每提起此事，神情总显得格外自豪。

二、引导

当客户开始信任你时，就开始进行引导的动作。

➤ **探询法——探询六要素**

- **预算**：本次预算约 20 万元新台币，分为中、南、北三梯队。
- **关键人**：就是人事主管 J 先生及相关被授课单位的业务主管。
- **需求**：分为产品需求与关注需求（须排序）。
  产品需求→策略式销售。
  关注需求→按内容、名气、授课、价格、定制、导入排序。因此被分为两类：

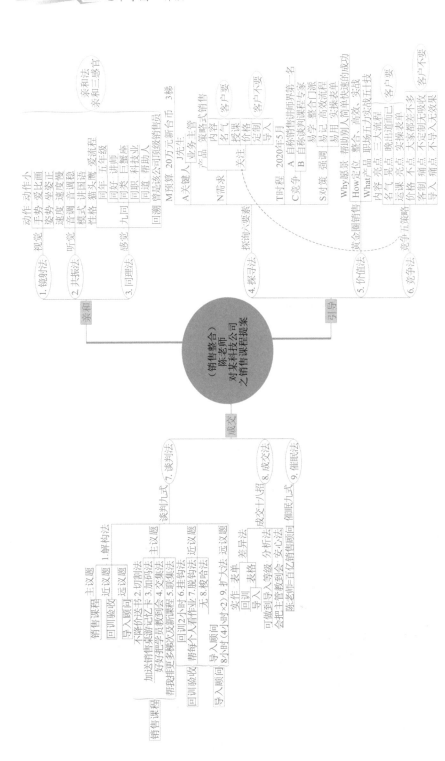

图3-19 销售整合的实际应用

      √ 客户要：内容、名气、授课。

      √ 客户不要：价格、定制、导入。

- **时程**：2020 年 5 月。
- **竞争**：A 老师→自称销售讲师界第一名；B 老师→自称是谈判课程专家。
- **对策**：回到陈老师的定位，强调→易学（整合门派）、易记（高效流程）、易用（实操表单）。

➢ **价值法——黄金圈销售**

- **愿景**：陈老师的终生志向→帮助别人简单、快速精进。
- **定位**：陈老师的教学定位→整合、高效、实战。
- **产品**：陈老师的指导课程→职场五力实战五十技。

➢ **竞争法——竞争五策略**

内容：〔亮点〕策略式销售三大流程。（客户要，自己强）

名气：〔晃点〕晚出道而已，其实我很专业。（客户要，自己弱）

授课：〔亮点〕实操表单。（客户要，自己强）

价格：〔不点〕（客户不要，自己没更强，一般报价都差不多）

定制：〔痛点〕不定制，便无法吸收。（客户不要，自己强）

导入：〔痛点〕不导入，便没有效果。（客户不要，自己强）

三、成交

当顺利引导完之后，就全力进入成交。

➢ **谈判法——谈判九式**

- **（1）解构法**

将议题先界定好，分为主议题（销售课程）、近议题（回训验收）、远议题（导入顾问）。

[主议题]

- **（2）切割法**

客户：关于课程价格，能否再便宜一些？

我：价格无法再低了。我们可提供一人一本书，以便课后复习。（赠书换价格）

- **（3）加码法**

    客户：我能理解，但预算真的有些问题……

    我：这样，我们加值但不加价，再赠送超值的桌游记忆卡，以便课后记忆。（再加码换价格）

- **（4）交集法**

    客户：价格如果下不来，可能无法下单。

    我：我们共同目标是好好把学员教到会，其他都很好商量。

- **（5）联集法**

    客户：如果有机会合作，价格真的要争取一下……

    我：没问题，到时要帮我多排几次，或列为贵公司标准课程，我来努力把价格重新估算一次……

[近议题]

- **（6）挂钩法**

    客户：尽管如此，其他公司价格确实低一些……

    我：那么，这个课程如果成功合作，我免费提供回训 2 小时，这才是贵公司最需要的东西……

- **（7）脱钩法**

    客户：那……可不可以帮我们所有学员辅导课后作业。

    我：这样可能多了点，可否每组给一份最具代表性的就好。

- **（8）梭哈法**

    （无，目前没有梭哈的筹码）

[远议题]

- **（9）扩大法**

    客户：我这边是没问题啦，但我领导真的很难谈，你有什么建议？

我：这样，我再帮你一个，你跟你领导说，到时候如果要再深度导入，我可以用培训的价格，做导入顾问的服务等级，两个下午各4小时，就课后的第一个月及第二个月。

客户：好，就这么办，陈老师就等我好消息。

> **成交法——成交十八招**

在心里先想好几个成交的重要招式，当然在面对面实战时，可能会因为客户的出招而随机应变。以下针对这个客户先挑出三招：差异法、分析法、安心法，这三点要在谈判完之后，不停地拿出来强调。

- **差异法**：表单实操，表格回训导入。
- **分析法**：可做到导入的等级，别人没办法做到。
- **安心法**：会把主管教到会。

> **催眠法——催眠九式**

我常喜欢使用等号说法，所以就把自己跟百亿销售顾问，大力地画上等号——"陈老师＝百亿销售顾问"。

陈老师即战心法补帖▶▶

◯实际销售时，一定要照策略式销售三大流程来运作吗？

我的答案是：不一定！

三大流程的设计，是为了让大家在学习上有个扎马步的学习流程架构。实际操作中，有时可能会跳过几个流程，有时会重复其中几个流程，随着当下的进行就可以，总不会已经可以进行成交了，你还硬要进行黄金圈价值销售吧？

只要熟悉整个流程，到时候你自然会运用自如，完全不会有问题。

【销售力实效见证】

有了逻辑力及形象力，才是顶尖业务员

我在职场24年了，其中85%以上的时间都在担任管理工作，深知培养人才的重要性，与复制人才的困难。而在领导者的位子上，也普遍观察到两件事，是职场的顶级销售员们可以再精进。

首先，是"逻辑力"。

职场顶级销售员通常都很擅长应变，遇到各种突发情况，也能快速见招拆招，但往往一身本领，却少了系统化、逻辑化地输出或复制。于是，很难永保顶级销售员的地位，升职加薪，更不容易传承给团队。然而，陈国钦老师的《一学就会的思维导图工作法》将"成交"的专有技术，归纳为一套思维逻辑"成交十八招"，系统分类各种成交可能遇到的情况与解法，让我为之一亮，用在我的销售管理中，简直是如获至宝。

陈国钦老师工作游刃有余，达标从容不迫，成功水到渠成，生活如沐春风。他的新作《一学就会的思维导图工作法》，除了实现销售能力大跃进之外，包括思考力、沟通力、企划力、领导力也都全面提升，不只要拜读，甚至要背下来，才能随时"出招"。祝福所有读者，心想事成！

——某形象管理学院　执行长

林佳宜

欲练神功，无须自宫

企业培训的本质是"学习"与"成长"，训练规划如何结合公司发展策略、年度营运计划与员工个人发展，则是身为公司培训单位负责人的首要任务。想要维持增进组织效能，就必须以新的知识、技能及态度来面对新的环境，才有可能让企业永续经营；而要使员工有新的知识、技能及态度，企业就必须给予必要的优质培训。

在本公司年度关键绩效指标中，提高目标产品销售业绩是单位组织主要指标之一，而为让销售员提升产品市场的销售能力，并掌握面对客户的谈判技巧，使其销售能力更加精进，我们启动公司课程遴选机制，规划优质培训

课程，在严谨的遴选过程中，陈国钦老师脱颖而出，所有课程遴选委员一致给予陈老师最高评价，邀请他来本公司授课。在课前，陈老师不断与我们沟通，了解单位需求，深入课程设计，定制出专属于我们公司的课程——"策略式销售流程的规划与执行"。之后在热烈的反应下，又为我们设计另一课程——"整合思考于企划流程的高效应用"，给我们市场部同事带来核心成功秘诀。

或许不是每一个人都有机会上他的课，陈老师用心良苦，为了帮助职场上更多人可以运用成功方程式，闭关创作，将他的实战经验融入《一学就会的思维导图工作法》一书中，落实培训的价值。

"了悟之道，是以理解为始，而非终结。"学海无涯，重在理解，融会贯通。武林中人无不追求武功秘籍，陈老师这本书就是传说中的武功秘籍，不同的是，"欲练神功，无须自宫"，《一学就会的思维导图工作法》便是打通你我"任督二脉"的"一道真气"。

——某公司　训练发展部经理

杨建伟

有销售功夫，就可以实现逆转

我刚踏入电信行业，花了好长时间才适应，因为这行业的每个案子都是定制化服务，产品复杂又艰深难懂。我刚开始，几乎就要放弃了，重要转折点就是学了国钦哥所教授的策略式销售，尤其是引导中的探询法探询六要素。

有一个案例，历经多个台固业务及客户内部多次组织异动，整个案子谈了 10 年之久，始终就是缺临门一脚。在未上课之前，我也尽可能把所有信息整合，但总是未能完成目标。上完国钦哥的策略式销售后，我将所有信息带入探询的各个要素中，进而根据不同面向拟定对应的策略，并针对不同的执行度做调整，最后竟神奇地完成任务！也许是天时地利人和，但这也是最后进门的一球。

或许是受到国钦哥的影响，我突然开窍了，此后的每一个案子，我会先把信息带入后再拟定策略，就可以很快分析案子的执行度。果然屡试不爽，成功复制了许多案例。而值得一提的是，今年我也取得二路国际大频宽的线路，这是一项重大突破，也是对自己最好的肯定。

对于从事销售工作的人而言，探询六要素是一个很好用的工具，可以分析案子执行与否，才不会白白浪费时间。至于它是什么样的工具，如何运用，就请各位细细品味这本书啰！

——某资深业务代表

黄紫媮

专注完美，近乎苛求

说起陈老师跟我的缘分，就得要从我爸爸说起，陈老师个人买了四辆雷克萨斯车，从爸爸买到儿子，他是我爸爸跟我的好客户，而且他跟我家的缘分一路延续至今，他现在是雷克萨斯的王牌销售讲师。

自从接触到陈老师的销售课程后，才知道原来销售是有技术的，我之前一直以为汽车业的销售，就是很亲切地接待客户，为他们提供最好的服务就好了。上完陈老师的课，令我大开眼界，竟然有：催眠式亲和技巧、探询客户需求六要素、品牌价值黄金圈销售、竞争五策略运用、谈判九式议价、绝对成交十八招……这些销售课程含金量高，也很容易消化，因为他用一张大表单将整个销售故事化、流程化，每一式环环相扣，这就是老师最独到的功夫。

如果用一句话形容陈老师，就是跟雷克萨斯的标语一样"专注完美，近乎苛求！"

——雷克萨斯国都士林所　销售主管

杨逢轩

没有慧根，也要会跟

说起陈老师，得从 10 年前开始说起，当时我还是他手下的一个工程师，有一天我们的对话如下：

老师：小白，要不要做销售？

小白：你觉得我行吗？

老师：你行的。

小白：好啊。

我们之间的对话就是这么简单。之后我们虽然不在同一家公司，但他一直是我默契百分百的良师益友。

前阵子，我有个连锁便利商店 5 亿元新台币的合约一直谈不下来，就打电话向他请教。陈老师和我的对话如下：

小白：请问这个案子该怎么赢？

陈老师：什么是你公司的强项？

小白：全省服务，解决方案。

陈老师：客户喜欢你的强项吗？

小白：只喜欢我们的全省服务。

陈老师：这个全省服务，是"你强，他要的"，你要打亮点，告诉他，你公司全省有多少工程师，让他更信服；至于解决方案，是"他不要，而你强的"，你要打痛点，告诉他没有解决方案的下场，例如无法有效控制输出成本。

小白：但我价格比别人贵，他很在乎。

陈老师：那就打晃点，把这个议题给模糊掉，告诉他好的服务及解决方案，才是真正的省钱。

果然！对方采购就决定与我们议价。后来陈老师又传授我谈判九式，就这样，案子赢了，之后我就升任处长，这就是专业。

想加薪吗？想升职吗？看陈老师这本《一学就会的思维导图工作法》就对了。没有慧根，也要会跟！

——某公司　业务处长

白宏文

"宅男"工程师，也能是顶级销售员

原本任职于科技公司的我，后来跨行贸易业，专注国际古董汽车零件的开发与销售。而对于贸易业，毫无专业知识与背景，要如何与上游工厂及下游渠道议价、谈判、合作，俨然成为我最重要的课题。

在一场陈老师的职场五力销售课程中，发现他内化整理出一套很强的销售架构，包含了 NLP、竞争、谈判、成交与管理的综合概念，因为程序简单易学，让我一下子就上手，立马用来管理制造商及全球渠道。

现在的我，已经可以快速掌握销售重点，并且能用正确方法来提升工作效率，不再是那个没自信、原地打转、找不到工作方法与方向的菜鸟，甚至有好几次在国际展场中，当场成功争取到新订单！

在此感谢陈老师传授我如此好的销售技术，我还要一步步地将这本书的50个技术全部学会，在职场持续发光发亮。

——某公司 业务总监

许臣君

第四章

企划力

创新式
企划五大流程

学会创新企划，在职场上就能具备"不可被取代"的竞争优势！

我记得自己刚从事营销企划工作时，常常会被很多商业语言吓到，不管是中文还是英文，常让我觉得好崇拜它们……

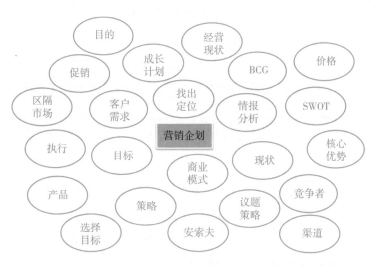

图 4 - 1　营销常见术语

请问各位读者，你知道哪一个在前，哪一个在后，哪一个在上，哪一个在下吗？我相信很少人说得出来，直到我去研修了世界高级商务策划的培训课程，我才解开了答案：

我称其为**创新式企划五大流程**。

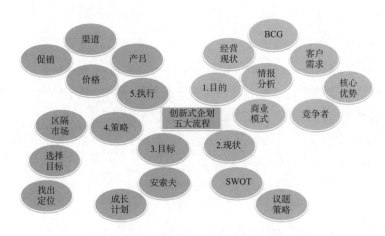

图 4 - 2　创新式企划五大流程

为何取名为"创新式"企划呢？因为企划的主要目的，是帮助客户

"创"造出"新"的价值，把未被满足的需求或潜在的需求，创造为新的商业机会。

在企划力这一章，我将一次打通各位的企划任督二脉，让你轻松上手，说起话来像个企划专家！

我有个学员，他跟我说要去面试一份外企的企划工作，因为薪水不低，竞争者多，面试前来求教。我跟他说："你只要把创新式企划五大流程背起来，包你录取！"

结果如我所料，面试主管还跟他说，请他把这五大流程应用在将来的企划工作上。

在开始谈创新式企划五大流程之前，先要回到何谓企划这一话题。各位是否还记得，第二章沟通七模型中的"企划型"大纲为**目的**、**现状**、**目标**、**对策**（在创新式企划流程中称为"策略"）、**执行**，而这个大纲因职务角色的不同，会往下开展成三类不同的企划模型：

- 企业型

  可分为经营企划型及投资企划型。

- 商业型

  可分为营销企划型、产品企划型、促销企划型、公关企划型、广告企划型、研发企划型、服务企划型。

- 顾问型

  可分为人事企划型、培训企划型、财务企划型、资管企划型、总务企划型、稽核企划型、活动企划型。

图4-2中圈出来这一堆名词，其实这些都属于营销企划的范畴。我用图4-3这张思维导图将创新式企划五大流程细节完整呈现。

以下先针对这五大流程做简单说明，在后面的技术章节中，将会有更进一步的拆解，并在最后做一个企划整合示范。

一、目的

- 经营组合

  把公司所有的产品放入"BCG矩阵"，看整个经营投资组合是否健康，四个区块分别是：问号、明星、金牛、笨狗。

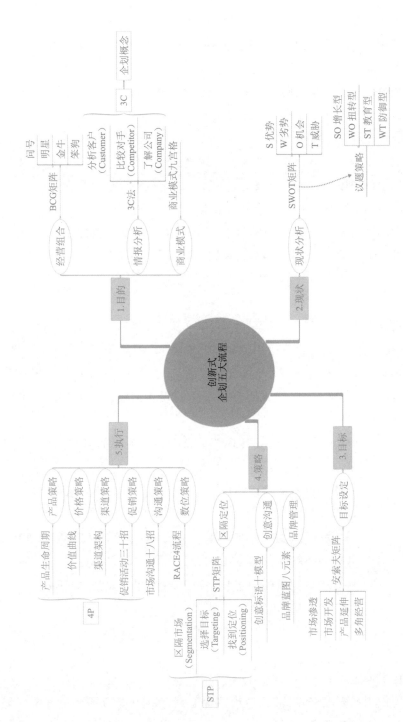

图4-3　创新式企划五大流程

- 情报分析

  使用"3C法"即分析客户（Customer）、比较对手（Competitor）、了解公司（Company），通过对客户、对手和所属公司的了解，以产生企划概念，也就是企划的"大概"方向。为何说"大概"呢？因为得先有个基本方向，才有办法开始动工。

- 商业模式

  以"商业模式九宫格"为工具，描述一个组织如何创造、传递及获取价值的手段与方法，及彼此之间存在的有机的连结关系：

  ❶目标客户群　　❷价值主张　　❸渠道

  ❹顾客关系　　❺营收　　❻关键资源

  ❼关键活动　　❽关键伙伴　　❾成本

二、现状

- 现状分析

  分析企业内外现状。运用"SWOT矩阵"，了解公司内部**SW（优势、劣势）**和公司外部**OT（机会、威胁）**，其真正精神不在于SWOT本身，而是SW与OT交叉组合所产生的议题策略，告诉我们该采取什么样的动作。

  - √ **SO增长型策略**：客户要，自己强。关注如何利用内部优势，争取外部机会。

  - √ **WO扭转型策略**：客户要，自己弱。关注如何克服内部劣势，扭转外部机会。

  - √ **ST教育型策略**：客户不要，自己强。关注如何利用内部优势，教育外部威胁。

  - √ **WT防御型策略**：客户不要，自己弱。关注如何减少内部劣势，避开外部威胁。

三、目标

- 目标设定

  可使用"安索夫矩阵"，以旧产品、新产品及旧市场、新市场，交叉组合出四个市场板块，而市场板块本身就有可被量化的本质，具备了数字及目标的元素。

√ **市场渗透**：旧产品 + 旧市场

用同样产品，在现有市场中极大化占有率。

√ **市场开发**：旧产品 + 新市场

用同样产品，寻找不同的市场区隔或区域，复制销售。

√ **产品延伸**：新产品 + 旧市场

用新的产品，进入原有的市场，加入作战。

√ **多角经营**：新产品 + 新市场

用新的产品，寻找不同的市场区隔或区域，多角经营。

做完市场组合之后，我将目标设定分为市场式、市占式和成长式，这些在后续章节都将会详细说明。

四、策略

营销策略与销售策略最大的不同在于：**营销是减法策略，而销售是加法策略。**营销要先找出市场区隔，告诉自己什么可以做、什么不能做，就是减法的概念；而销售要在这个能做的地方，尽可能放大，所以是加法的概念。营销的本质是种选择，因此我们把创新式企划五大流程的"策略"流程，配属给区隔定位及相关的创意沟通与品牌管理。

- **区隔定位**

  使用营销学常用的"STP 矩阵"，通过区隔市场（Segmentation）、选择目标（Targeting），进而找到定位（Positioning）。

- **创意沟通**

  套用"创意标语十模型"，让创意更快速，推广更顺利。

- **品牌管理**

  以品牌蓝图八元素（愿景、使命、定位、承诺、个性、识别、产品、服务），协助进行品牌管理。

五、执行

执行所运用的策略，就是大家最耳熟能详的 4P：产品（Product）、价格（Pricing）、渠道（Place）、促销（Promotion），再加入与执行息息相关的沟通策略及数码策略。

- **产品策略**

  了解产品生命周期的过程，在对的时间做对的事情。

- **价格策略**

  以价值曲线极大化收益，极小化冲突，极强化竞争。

- **渠道策略**

  通过渠道架构了解整个渠道板块的层次、大小与流向。

- **促销策略**

  挑选与组合促销活动三十招，让你瞬间成为促销达人。

- **沟通策略**

  运用市场沟通十八招，分属公关、数码、人员、直效、广告向目标客户群传递感性诉求与理性诉求。

- **数码策略**

  以 RACE 四流程，触及（Reach）、互动（Act）、转换（Convert）、倡导（Engage），放大导流与促进导购，极大化电子商务的绩效。

22 经营组合

公司的健康检查表

工具▶▶BCG 矩阵

目的▶▶了解公司产品的分布, 做出产品经营最佳投资组合

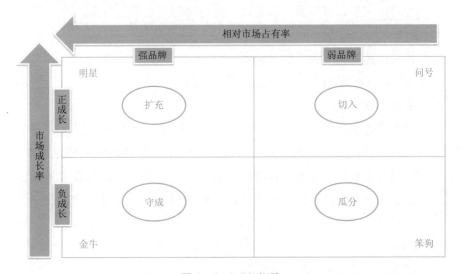

图 4 - 4　BCG 矩阵

"BCG 矩阵"(见图 4 - 4)的纵轴为市场成长率(界线表示正负, 市场的成长率可由市调公司取得), 横轴为相对市场占有率(界线表示强弱, 强弱可用前后段班来区分, 例如市场有四个品牌, 前两名就是强品牌), 共可分为以下四个象限:

➤ **问号**

● **状况: 正成长 + 弱品牌 = 问号。**

　该产品正处于市场成长阶段, 而竞争力弱。

● **手段: 切入。**

　由于有其他强势品牌存在, 此时要迅速找到市场切入点, 也许是区隔化不同市场、差异化不同功能, 或是价格化给予实惠, 总之就是要快速切入市场, 与强品牌共存。

139

➢ **明星**

- **状况：正成长＋强品牌＝明星。**

  该产品正处于市场成长阶段，竞争力强。

- **手段：扩充。**

  现阶段就是要加码做更多的投资，以寻找更多商机或扩充销售渠道，就算现阶段该产品因高度竞争而无法取得高获利，也得大步迈开，因为它未来很有机会成为大金牛，为公司创造高营收与高获利。

➢ **金牛**

- **状况：负成长＋强品牌＝金牛。**

  该产品正处于市场下降阶段，竞争力强。

- **手段：守成。**

  通常这类都是旧产品，在市场已有一段时间，所以市场最大，而又是强势品牌且市占率高，故可持续守成收割，为公司创造稳定的获利。但因为未来成长性低，不需要过度投资，除非可以找到新市场或新商业模式，否则公司应该将这类产品获利极大化，以投资明星产品及扶持问号产品。

➢ **笨狗**

- **状况：负成长＋弱品牌＝笨狗。**

  该产品正处于市场下降阶段，竞争力弱。

- **手段：瓜分。**

  这类产品不具备继续投资的价值，最好的对策就是瓜分强势品牌的市场即可，也不要投资太多，以免造成亏损。把资源转移给其他投资报酬率较高的产品，才是上策。

案例 ▶▶ *前公司科技产品的经营组合*

前公司是打印机及笔记本电脑的领导品牌，我当时一直在想，打印机事业群是最赚钱的部门，怎么好像资源不是很多？后来用 BCG 经营组合去思考，就了解高层在想什么了。因为**从整个企业角度来看，公司要用打印机这只金牛的获利去投资高成长的明星笔记本电脑。**

也曾经怀疑，明明手机已有很多大厂占据，为何还要以卵击石，切入手机市场呢？先不管结局如何，当下的确是一个好的决定，因为**如果没有问号**

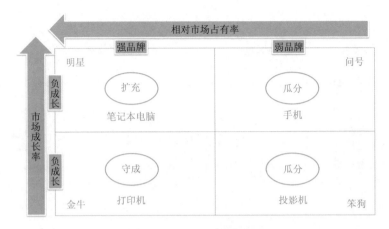

图 4-5　BCG 矩阵的应用

产品，就等于一个家庭没有小孩，当所有的产品同时走向高龄化，这个企业便会逐步走向凋零。

而关于投影仪，当时为何要宣布放弃生产与经营，我也从中找到了答案。**因为笨狗须先行瓜分强品牌市场，之后发现无效，除了放弃这个市场，再怎么做也是徒劳。**

另外，我也曾经辅导过一家市场占有率只有 2% 的公司，他们一直在想如何做品牌，但总是做不起来。后来我献上一计，他们就释怀多了，答案是成长三步骤：

1. **挖墙脚**：98% 市场，任你掠夺，找到切点，就有生意。
2. **跟着走**：贴紧对手，当个老二，共同生存，就有市场。
3. **找出路**：创新思考，找到定位，重建品牌，就有出路。

简单来说，在整个产品生命周期中，这家公司一直是个弱品牌，当市场正成长时，它的产品就会一直是问号；而在市场负成长时，它的品牌就会一直是笨狗，所以最好的方法不是切入就是瓜分。

若要像强品牌一样，树立标准及经营品牌，可能在初始阶段会白花力气。分三步走，先切入及瓜分市场，等生意做到一定程度，再来思考品牌经营，是不是弱品牌最省力且最有效的方法呢？

还有学员问我，如果我们公司不是原厂而是渠道，BCG 矩阵对我有用吗？答案是没有。关于这一点，我曾和一家很有名的网络渠道平台深谈，最后他拿出他们公司的经营矩阵给我看：

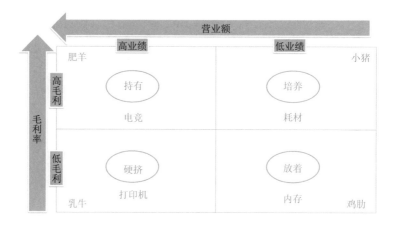

图 4 - 6　客户的经营矩阵

渠道的经营管理是以营业额及毛利率来分析的，共分出小猪、肥羊、乳牛、鸡肋。看完之后，我感到非常惭愧，前公司的打印机产品，竟然是他们公司不愿主推，但不得不卖的乳牛产品。

原厂动不动让经销商写销售计划，且给渠道的毛利也很低，所以前公司在渠道的眼中，就像对乳牛一般，能挤一滴算一滴。不得不说，身为原厂，莫忘渠道苦人多啊！不要觉得给渠道卖东西是多么大的施舍，所以低毛利是应该的，这种观念是最不够格的原厂经理人，渠道才是原厂最大的商业伙伴。

陈老师即战心法补帖▶▶

BCG 矩阵为何会被排在创新式企划的第一个技术呢？因为它是最初始的企业健康检查表，并且可从两个角度来思考：

⊃从高层经营角度

如果你是一个企业经营者或高层主管，必须先站在最宏观的高度，关注两件要事：

差异操作：产品会落入 BCG 的四个象限，代表对不同的产品线，该用不同的操盘方式，口诀是："**问号切入，明星扩充，金牛守成，笨狗瓜分。**"

保持比例：一个公司务必要有一定的明星及金牛产品。明星是未来趋势，金牛是资金来源，这两区产品的营业额加起来，最好超过公司总体营收的60%以上，这家企业才算健康。

⊃从产品经理角度

如果你是产品经理，必须看看自己的产品坐落在哪一块，然后告诉自己该用哪个象限的"心态"来经营这个产品。例如，当时我是负责打印机事业群，那就要乖乖地好好赚钱，帮助其他部门壮大！

情报分析

了解你我他，生意不会差

工具▶▶3C 法

目的▶▶通过对 3C 的总体分析，产生初步的企划概念

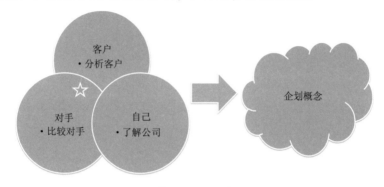

图 4-7　3C 法

"3C 法"就是从**分析客户**（Customer）、**比较对手**（Competitor）、**了解公司**（Company）三大方面，作出全面性的策略思考。

一、分析客户

含大环境 PEST 分析及消费者需求分析。

➢ **大环境 PEST 分析**

所谓"大环境"，是指整个外部客观环境而言，具有一定的方向性及持久性影响，而这些变迁的力量，往往会为企业带来重大的机会与威胁，因此在进行营销企划时，第一步就是先**搜集外部大环境的相关资料，解读出可以利用的市场机会，以及必须防范的潜在威胁。**

- **P（Politics）**：政治体制、税法体制、财政预算、政府补贴、产业发展、产业规范、进出口限制、金融法规、外汇政策等重大变化。
- **E（Economics）**：经济情况、资本市场、产业结构、经济基础、商品供需、GDP、失业率、所得分配、消费物价、储蓄水平、汇率走势、通货膨胀等重大变化。

- **S（Social）**：社会价值、生活方式、消费习惯、人口成长、人口结构、族群组合、教育水平、家庭型态、人口分布等重大变化。
- **T（Technology）**：科技趋势、专利保护、研发预算、原材料供需、能源供应、环境污染、政府环保等重大变化。

以上大环境分析相关资料及数据，可搜集来源包括各国趋势专家出版的图书、政府公报、商业杂志、产业报告等公开性资料。

> **消费者需求分析**

进行消费需求分析有四个参数：

- **目标客户群**：找出目标客户群，整个营销企划才有基础走下去；而找出目标客户群，其实就是要找出市场区隔；而想找出市场区隔，就得要知道区隔变量。

  〔家用产品〕

  √ 人口变量：性别、年龄、学历、收入、职业……

  √ 行为变量：寻求利益、购买方式……

  √ 心理变量：兴趣嗜好、人格特质、生活型态……

  〔商用产品〕

  √ 行业：金融、科技、电信、运输、医疗、制造、国家机关、学校、军队、服务……

  √ 规模：大、中、小企业及个人……

  √ 地域：北、中、南、东、西……

- **想完成的工作**：目标客户群想要完成什么样的工作与目标？
- **追求利益**：目标客户群想要得到什么利益？
- **解决问题**：目标客户群想要解决什么问题？

消费者需求分析所用的方法，包括既有资料、网络搜寻、观察、访谈、问卷等。

二、比较对手

就是跟竞争者之间做详细的比较，可从品牌、策略、商业模式、产品、价格、渠道、促销、服务等角度进行。无论是新事业的创新，或是核心事业的改善，除了考虑大环境趋势及消费者需求之外，竞争对手的比较也是非常重要的动作。

比较对手一般可根据以下项目：

- **品牌**：厂商品牌的知名度与指名度。
- **策略**：厂商所关注的主力竞争策略。
- **商业模式**：厂商所设计的相关营运与获利模式。
- **产品**：产品线的种类、特色、质量、定位。
- **价格**：产品线的价格策略及价值曲线。
- **渠道**：产品线的配销渠道组合及综效强度。
- **促销**：产品线的促销组合及市场沟通强度。
- **服务**：厂商所提供的保修、维护等相关售后服务。

三、了解公司

就是了解自己公司的核心优势。根据公司的现有资源与核心竞争力，找出公司最核心的优势，一般是关键资源、关键能力、合作伙伴、经营策略、商业模式……

➢ 企划概念

研究 3C 情报，最主要的目的就是要洞察出企划概念，如 3C 图中，企划概念的位置可用 12 个字来形容，就是："**客户要的，自己强的，对手弱的**"，这 12 个字在本书中很多地方都有出现，销售、竞争、定位中都适用。

3C 是一种事实陈述，可以说是"现状"，而依照 3C 分析所产生的企划概念，是一种洞察、慧见、主张，可以说是"趋势"与"策略"。如何洞察出简单易懂、打动人心的企划概念，是企划力很重要的一种心智锻练，这需要很多的专业理论及职场经验做为基础。

案例 ▶▶创新企划公开班课程

图 4-8 是我的合作伙伴"创新企划公开班"的 3C 情报分析与企划概念。

写这个案例也是为纪念我的恩师郑启川先生，他亲手创立成人学习未来学校，却在人生最辉煌的时刻突然离世，令人惋惜。还记得当时我们几个讲师一起在找创新企划公开班未来出路时，就是用这个简单的 3C 法技术，快速而有效地找到彼此共同的想法。

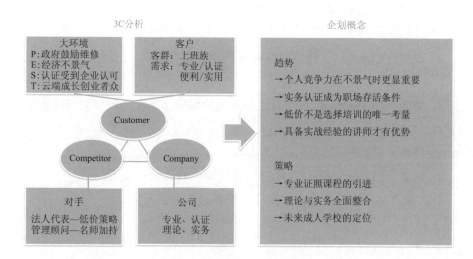

图4-8　3C情报分析与企划概念

图中左边的3C分析，就是目前的"现状"。先对大环境及客户群需求进行分析，之后评估对手（法人及主管）的主打策略，最后再看看自己公司的核心优势（具有多项专业认证，理论与实务经验兼具），就可以根据这些分析情报，推估出右半边图所列四点"趋势"，以及未来公司将采取的三大"策略"。

陈老师即战心法补帖▶▶

做完3C情报分析之后，在思考企划概念时的卡关，可以用"4C企划概念"迅速帮你找到结构性的答案：

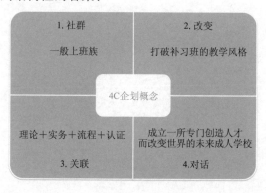

图4-9　4C企划概念

1. **社群**（**Community**）：你的构想究竟要服务哪一类目标客户群？

答：一般上班族。

2. **改变**（**Change**）：你想改变何种产业的游戏规则？

答：打破补习班的教学风格。

3. **关联**（**Connection**）：针对你想改变的部分，提出何种要素与要素之间的新联系？

答：理论＋实务＋流程＋认证。

4. **对话**（**Conversation**）：你要向目标客户群说的一句话？

答：成立一所专门创造人才而改变世界的未来成人学校。

商业模式

商业模式，就是获利方程式

工具▶▶商业模式九宫格

目的▶▶描述一个组织如何创造及传递价值而因此获取利润

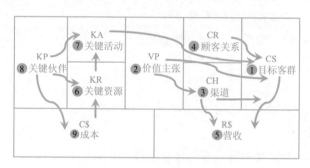

图 4 – 10　商业模式九宫格

商业模式是描述一个组织如何创造及传递商业价值，并因此而获取利润的方法，是一种科学、系统化的组合，得以解释公司的经营与获利的商业逻辑。

"商业模式九宫格"的解读方式有两种：

- **结构上下看**

  上半部（❶❷❸❹❻❼❽）是市场运作。

  下半部（❺❾）是财务运作。

- **结构左右看**

  左半部（❷❻❼❽❾）是内部经营运作。

  右半部（❶❷❸❹❺）是外部经营运作。

"价值主张"两边都有参照。

商业模式的九个栏位，分别代表九个要素，设计者可用关键词、图像及箭头等方式，呈现出每个要素的概念与联结，并将九个要素以逻辑关系加以整合。

九个要素，按照数字先后，代表思考顺序，而箭头就是其相关的联结，以下进行逐一介绍：

❶目标客户群（CS：Customer Segment）

谈到目标客户群，得先做市场区隔；要找出市场区隔，就得先知道区隔变量，而区隔变量分为"家用产品"跟"商用产品"两种。

- **思考焦点**
  - √ 目标客户群如何做区隔？
  - √ 目标客户群的需求是什么？
  - √ 如何满足这些客户群的需求？

❷价值主张（VP：Value Proposition）

是指能为目标客户群创造价值的商品或服务。

- **思考焦点**
  - √ 目标客户群想要完成什么样的工作？
  - √ 目标客户群想要得到什么利益？
  - √ 目标客户群想要解决什么问题？

❸渠道（CH：Channel）

渠道具有三种功能：现金流、物流、信息流。"现金流"介于供应商与客户之间的金钱流动；"物流"帮助配送商品或服务给客户；"信息流"提供客户对商品或服务的了解。

- **思考焦点**
  - √ 哪些渠道是客户最易接触到、最方便购买的地方？
  - √ 哪些渠道运作起来最有效，配合度最好？
  - √ 该如何整合所有渠道，并创造综效？

❹顾客关系（CR：Customer Relationship）

是指公司与目标客户群建立的关系形态，会影响到客户整体的购买体验及忠诚度。

- **思考焦点**
  - √ 如何与目标客户群建立与维持关系？
  - √ 如何将顾客关系与整个商业模式整合？

❺营收（R：Revenue）

是指公司从客户身上获得的收入。营收来源可分为销售费用、服务费用、会员费用、租赁费用、授权费用……

- **思考焦点**
  - √ 目标客户群愿意付多少钱？
  - √ 目标客户群用什么方式付钱？

❻关键资源（KR：Key Resource）

是指能让商业模式顺利运作所需的重要资源。其类型有财务资源（现金、资产、银行信用），实体资源（设备、建筑、系统、渠道），智慧资源（品牌、专业、专利、著作权、伙伴、客户），人力资源（公司、伙伴、渠道的可用人力）……

- **思考焦点**
  - √ 创造价值需要什么重要资源？
  - √ 建立渠道需要什么重要资源？
  - √ 维护顾客需要什么重要资源？
  - √ 创造营收需要什么重要资源？

❼关键活动（KA：Key Activities）

是指能让商业模式顺利运作所需的重要活动、行动或事情，大概可分为生产性活动、问题解决活动、销售促进活动。这些活动能帮助创造客户价值、建立有效渠道、维护顾客关系、产生营收来源。

- **思考焦点**
  - √ 创造价值需要什么重要活动？
  - √ 建立渠道需要什么重要活动？
  - √ 维护顾客需要什么重要活动？
  - √ 创造营收需要什么重要活动？

❽关键伙伴（KP：Key Partners）

是指能够让商业模式顺利运作，所需的重要供应商及合作伙伴。关键伙伴关系有三种类型：策略联盟伙伴、共同投资伙伴、采购与供应伙伴。寻求关键伙伴的主要动机，是为了取得特定的资源与能力，以及降低经营环境的不确定风险。

- **思考焦点**

    √ 重要伙伴可以提供何种重要资源？

    √ 重要伙伴可以帮助何种重要活动？

❾成本（C：Cost）

是指运作商业模式所需要的成本，可从商业模式运作所需的关键资源、关键活动、关键伙伴去推算。

- **思考焦点**

    √ 公司成本最小化，例如成本控制或生产外包。

    √ 客户利益最大化，例如伙伴共同经营与互助。

案例 ▶▶陈老师的商业模式

我自己本身是个商品，既然是个商品，就要有商业模式。

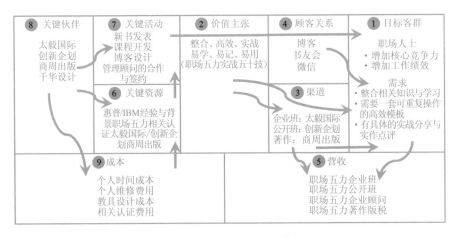

图 4－11　陈老师的商业模式

这张商业模式九宫格，就像是我讲师之路的定海神针、作战蓝图，让我在讲师之路上保持清醒。因为有了它，让我在离开前公司时，能够以最短的时间转换跑道。常有人说人生不需要计划，因为计划永远赶不上变化。我的回答是：**计划永远赶不上变化，但计划可以应付变化！**

商业模式的延伸：创新十原点和商业模式二十四计

创新学开创者赖瑞·基利常年研究成功企业的创新方法，并且为美国苹果公司、波音公司、花旗集团、可口可乐、福特等跨国企业提供创新顾问。他发现，创新的发生大概都会落在创新十原点，而**卓越的创新就是将不同环节的创新组合起来**，会让竞争对手难以模仿，进而取得领先地位。

以下将"创新十原点"依配置、产品、体验归整为三大类，说明其呈现在组织不同环节的表现：

➢ **配置**

1. 获利模式：如何赚钱。
2. 网络：如何联合其他人来共同创造价值。
3. 结构：人才和资产如何组织和配对。
4. 流程：如何以独特和优异的方法经营企业。

➢ **产品**

5. 产品表现：如何开发独到的特色和功能。
6. 产品系统：如何开发互补的产品和服务。

➢ **体验**

7. 服务：如何维持和增加产品价值。
8. 渠道：如何为顾客和使用者提供商品。
9. 品牌：如何展现你的产品和事业。
10. 顾客参与：如何让顾客互动变得更吸引人。

举个简单的例子，如果去分析苹果公司的成功模式，就会发现它涵括了以下创新原点：通过独特的获利模式、网络创新的联盟、流程创新的设计、产品表现创新的功能简化、系统创新的产品、服务平台、渠道创新的直销，整个结构经由创新、组合、再造，变得十分牢固，并且难以模仿，所以苹果产品一上市就立即冲击到八大市场（手机、相机、计算机、软件、媒体、图书、音乐、电影），这就是创新商业模式最成功的一个典范。

153

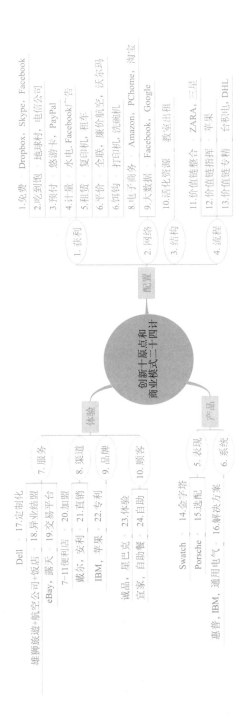

图4-12 创新十原点和商业二十四计

配置

1. 获利
1. 免费 —— Dropbox、Skype、Facebook
2. 吃到饱 —— 地球村、电信公司
3. 预付 —— 悠游卡、PayPal
4. 计量 —— 水电、Facebook广告
5. 租赁 —— 复印机、租车
6. 平价 —— 全联、廉价航空、沃尔玛
7. 附钩 —— 打印机、洗碗机

2. 网络
8. 电子商务 —— Amazon、PChome、淘宝
9. 大数据 —— Facebook、Google
10. 活化资源 —— 教室出租

3. 结构
11. 价值链整合 —— ZARA、三星
12. 价值链指挥 —— 苹果
13. 价值链专精 —— 台积电、DHL

4. 流程

体验

7. 服务
17. 定制化 —— Dell
18. 异业结盟 —— 雄狮旅游+航空公司+饭店
19. 交易平台 —— eBay、露天

8. 渠道
20. 加盟 —— 7-11便利店
21. 直销 —— 戴尔、安利、苹果

9. 品牌
22. 专利 —— IBM、苹果

10. 顾客
23. 体验 —— 诚品、星巴克
24. 自助 —— 宜家、自助餐、自助

产品

5. 表现
14. 金字塔 —— Swatch
15. 选配 —— Porsche
16. 解决方案 —— 通用电气

6. 系统 —— 惠普、IBM、通用电气

创新十原点和
商业模式二十四计

那我们是否可进一步将创新十原点再往下展开成一些常见的商业模式模板呢？

当然可以。经过我的观察归纳，结合市场常用的商业模式案例，例如：Dropbox 的 2GB 免费网络空间、电信公司手机无线上网吃到饱、复印机的租赁方案等，图 4-12 思维导图整理出"商业模式二十四计"，希望能借此抛砖引玉，帮助读者更简单地"借用与组合"，进而设计出属于自己的商业模式。

而这个由创新十原点展开的商业模式二十四计，和原来的商业模式九宫格又有什么样的关系呢？

我的解释是，这二十四计是二十四种商业模式的概念或形态，在具体策略上，仍须把选定的几种商业模式，通过商业模式九宫格中的九个元素支撑，进一步具体描述才行。

由创新十原点展开我归纳出来的"商业模式二十四计"，并以蓝字列举相关案例，简单说明如下：

1. **免费**：Dropbox、Skype、Facebook

   公司将基本款的产品或服务免费提供给一般使用者，快速建立足够大的客户群，希望其中一部分一般使用者转换为愿意付费使用进阶服务的重要使用者。成功关键在于转换率的高低。

2. **吃到饱**：地球村、电信公司

   采取固定收费，让购买者无限制使用公司所提供的服务，由用量低于正常使用量的顾客所节省的成本，来平衡超过正常使用量的顾客所衍生的成本。

3. **预付**：悠游卡、PayPal

   预收客户款项，延迟支付供应商款项，使现金转换循环天数为负数，因而增加现金周转留用的时间差，可用于赚取利息、提前还债或用于投资。

4. **计量**：水电、Facebook 广告

   依据使用量多少为计费标准，取代固定费率的做法，以弹性收费来吸引客户。

5. **租赁**：复印机、租车

   公司将昂贵的商品采取租赁方式收取租金收益，消费者不必支付大笔资金购买所有权，就可轻松享有一定时限的使用权。

6. **平价**：全联、廉价航空、沃尔玛

只提供最基本款的标准化服务，把省下的成本反馈给顾客，用低价作为竞争的利器。

7. **饵钩**：打印机，洗碗机

公司提供低于成本价甚至是免费的基本产品，但是在独家耗材或必需配件的收费上赚取高额利润。

8. **电子商务**：Amazon、PChome、淘宝

通过数码网站平台取代传统的实体店面，可降低营运成本，消费者也可通过网络搜寻比较商品，节省找商品的时间与成本。

9. **大数据**：Facebook、Google

收集分析客户资料的大数据进行分析与利用，以增加重复销售的机会，并获得产品改善与新产品研发的重要信息。

10. **活化资源**：教室出租

利用公司核心事业所累积的技术或过剩的设备、资源，提供给其他公司使用，以赚取本业以外的额外收入。

11. **价值链整合**：ZARA、三星

公司根据产业需要，整合出一套完整的产业价值链供应系统，有效控制整个价值链，降低交易成本，提高价值链的规模与效率。

12. **价值链指挥**：苹果

公司专精某些核心能力，将核心能力以外的价值链活动，外包给专业的供应商，自己扮演主导价值链的指挥家角色。

13. **价值链专精**：台积电、DHL

公司聚焦于整个价值链当中的某一项价值创造活动，成为专有技术的专精者，可以同时服务不同产业与市场的外包需求。

14. **金字塔**：Swatch

依据消费客户群的收入与偏好不同，建立相对应的金字塔式产品组合。在底层提供低价、量多的产品；针对中高端客户群则提供高价、量少的产品，主要获利来自中高端产品的营业收入。而低价产品是用来吸引平价客户，借以寻找机会销售中高端产品。

15. **选配**：Porsche

将基本产品和服务，以具备市场竞争力的价格，提供额外服务或选配

产品，加收额外费用。

16. **解决方案**：惠普、IBM、通用电气

公司提供"一站购足"解决方案，将解决客户问题所需的产品与服务整合为完整的方案，增加购买的便利性。

17. **定制化**：戴尔

公司将产品结构予以标准模块化，再根据不同顾客的独特需求，组合成定制化产品，但同时拥有标准化及大量生产带来的效率与低成本。

18. **异业结盟**：雄狮旅游＋航空公司＋饭店

异业结盟是指不同类型或不同层次的单位，为了提升规模、资源互助、扩大市场占有率，所组成的利益共同体。

19. **交易平台**：eBay、露天

建立促进买卖双方交易的平台，以降低交易双方的时间与成本，并从双方的交易费赚取佣金。

20. **加盟**：7-11 等便利商店

公司利用成熟的商业模式与品牌，授权加盟商依据合约规范独立经营，以赚取加盟费及其他服务费用，并扩大市场占有率。

21. **直销**：戴尔、安利

去除零售和经销渠道，将省下的渠道费用反馈给消费者。

22. **专利**：IBM、苹果

公司致力研发某些关键技术，并顺利申请取得专利，运用专利授权方式提供其他厂商进行商业化应用，以换取授权金收入。

23. **体验**：书店、星巴克

创造额外的服务体验来提高产品与服务的价值。

24. **自助**：宜家、自助餐

公司将产品或服务的价值创造部分工作，让消费者自行完成，以换取较低的收费。

接着回到前面我示范的个人商业模式，其实我参考了六个商业模式做组合。

- 依消费客户群收入、偏好不同，建立对应的金字塔式产品组合：平价公开班、企业内训班、企业定制班、企业顾问班。
- 职场五力共五十个技术，可依企业选配组合，大大提高客户需求的准

确度。

- 诊断企业，提出解决方案。
- 可针对企业做属于该公司的定制。
- 针对"职场五力实战五十技"申请专利。
- 提供免费模块模型，让使用者深度体会并发挥即战功效。

陈老师即战心法补帖▶▶

在商业模式之前，有一个 BCG 经营组合，以及 3C 情报分析、企划概念，这之间到底有什么顺序或联结呢？

没错，它是有顺序及联结性的。

⊃回顾流程（1）：目的

先用 **BCG 经营组合**，让你知道整个公司的投资组合是不是落在一个安全的范围，并赋予每个产品清楚的定位与大方向策略。

之后用 **3C 情报分析**，让你进一步知道客户、对手、自己的状况，并找到一个初始的企划概念。

然后把模糊的企划概念具体化为**商业模式**。

我把这三个技术，收纳在创新式企划的第一个流程"目的"，最主要的产出就是：商业模式！

25 现状分析

当不知道用哪一招，用 SWOT 就对了

工具▶▶SWOT 矩阵

目的▶▶通过市场外部及组织内部现状，进而产生有效的策略及做法

SW / OT	优势（S）	劣势（W）
机会（O）	SO增长型策略 （客户要，自己强） 利用内部优势 争取外部机会	WO扭转型策略 （客户要，自己弱） 克服内部劣势 扭转外部机会
威胁（T）	ST教育型策略 （客户不要，自己强） 利用内部优势 教育外部威胁	WT防御型策略 （客户不要，自己弱） 减少内部劣势 避开外部威胁

图 4 – 13 SWOT 矩阵

有关"SWOT 矩阵"分析，分成两个步骤。

一、知道"现状"

根据内部情报，界定出内部公司的优势（S）与劣势（W）；根据外部情报，界定出外部环境的机会（O）与威胁（T）。

- **内部因素**

属于内部公司因素，泛指公司的关键资源、关键能力、关键伙伴等，例如公司形象、文化、品牌、市场占有率、产品、价格、渠道、促销、专利、技术、生产、销售、人员、研发、财务、服务等，**分析者必须将以上项目列出，决定出公司的优势及劣势。**必须特别注意的是，所谓的优势与劣势是相对的，假设公司产品后续服务是两天完成，你觉得不够好，但主要竞争对手都要三天完成，那么你反而是优势；相反，如果你的竞争对手一天完成，你在这个项目就真的处于劣势了。

- **外部因素**

  属于外部环境因素，例如大环境趋势情报、产业情报、消费者情报、竞争者情报等，**分析者必须决定哪些因素是属于机会，哪些是属于威胁。**

二、找到"策略"

找到 SWOT，只是清楚界定出 SWOT 的"现状"而已，并不具备实用价值，必须经过交叉分析，找出四个议题策略 SO、WO、ST、WT，才算是真正地完成。

简单来说，SWOT 可以说是一个"形容词"，形容出目前的**现状**；SO、WO、ST、WT 可以说是"动词"，告诉我们下一步要做的**策略**。而根据 SW 与 OT 进一步交叉分析，所找出的四个议题策略为：SO（增长型策略）；WO（扭转型策略）；ST（教育型策略）；WT（防御型策略）。

以下分别就这四个议题策略逐一说明：

- **SO**：自己优势（S）＋市场机会（O）＝增长型策略

  利用内部优势，争取外部机会。
- **WO**：自己劣势（W）＋市场机会（O）＝扭转型策略

  克服内部劣势，扭转外部机会。
- **ST**：自己优势（S）＋市场威胁（T）＝教育型策略

  利用内部优势，教育外部威胁。
- **WT**：自己劣势（W）＋市场威胁（T）＝防御型策略

  减少内部劣势，避开外部威胁。

案例 ▶▶ 某银行的 SWOT 矩阵分析与策略

图 4 - 14 是某家银行的 SWOT 矩阵分析图。原本这家银行对自己公司的经营，没有太大的信心，经过这张 SWOT 矩阵的实操，列出自家银行现阶段相对于他行的优势和劣势，并分析出外部环境的机会和威胁后，至少知道如何运用有限的资源，做出最正确及最有效的策略。

- 〔实操〕知道"现状"

  在 SWOT 现状陈述的部分，建议每项大概列出三点最佳，太多反而不利于思考。

SW ╲ OT	优势 · S1中小企业客户最多 · S2中小企业贷款种类多 · S3资本性贷款经验丰富	劣势 · W1资金成本高 · W2银行据点少 · W3申请作业冗长
机会 · O1台商回流，回台投资意愿高 · O2韩流兴起，高雄投资意愿高 · O3政府推出中小企业辅助办法	SO增长型策略 （客户要，自己强） · S2O1定制回流中小企业专案 · S2O2定制高雄中小企业专案 · S2O3协助辅助政策制定	WO扭转型策略 （客户要，自己弱） · W1O1专注中小企业族群 · W2O2借机曝光主动接洽 · W3O3专案案件有限审核
威胁 · T1市场不景气 · T2同业低率抢食 · T3台湾环境不利建厂	ST教育型策略 （客户不要，自己强） · S1T2提供忠诚客户优惠条件 · S2T2区隔避开红海市场竞争 · S3T1提供企业贷款顾问咨询	WT防御型策略 （客户不要，自己弱） · W1T2提供增值服务的产品

图 4 – 14　某银行的 SWOT 矩阵

● 〔实操〕找到"策略"

找策略可用交叉组合的方式，建议一步步仔细去交叉比对，例如 S1、S2、S3 和 O1、O2、O3，便会有九种交叉组合方式，操作者可以在这九种可能性中，挑出最需要关注的三项来成为该象限的议题策略。

⊃注意，有时同一个策略，可能会重复出现在不同象限，这是正常的，例如某些公司常有持续强化品牌这个策略，它可能会同时适用于 SO 与 ST。

陈老师即战心法补帖▶▶

关于 SWOT 矩阵，SW 谈的是自己所属公司（Company），而 OT 谈的是客户（Customer）和对手（Competitor），那它跟 3C 情报分析法有什么不同？

其实它们的本质是一样的，都是从客户、对手、自己这三个方面去思考，但在应用上仍有些不同，简单说明如下：

⊃**3C 情报分析应用**

流程：坐落在第一个流程"目的"。

产出：企划概念，指出方向及概念性。

⊃**SWOT 矩阵分析应用**

流程：坐落在第二个流程"现状"。

产出：议题策略，指出对策及具体性。

验证：SWOT 矩阵在某种程度也具备了验证 3C 情报分析与企划概念的功能。

目标设定

明确的目标，就是力量

工具▶▶安索夫矩阵

目的▶▶由产品与市场的对应，找到更多市场及具体描述目标设定来源

市场＼产品	旧产品	新产品
旧市场	市场渗透	产品延伸
新市场	市场开发	多角经营

图4-15 安索夫矩阵

"目标"属于企划的第三个流程，目标设定的主要工具是安索夫矩阵，所谓安索夫矩阵，是由管理策略之父伊格尔·安索夫所提出的2×2矩阵。我之所以将安索夫矩阵放在目标流程，是因为市场板块本身就具备可被估算的具体数字。

安索夫矩阵以产品和市场作为两大基本面，横轴为"旧产品、新产品"，纵轴为"旧市场、新市场"，划分出四种市场组合及策略：**市场渗透**、**市场开发**、**产品延伸**、**多角经营**，可用来分析不同产品在不同市场的发展政策，是应用很广泛的营销分析工具。说明如下：

➢ **市场渗透**

● **象限：旧产品＋旧市场**

● **做法**：在原有市场中扩充生意，以提升市场占有率。另外，因为所有竞争者都进来了，很容易陷入红海之争，所以要多关注品牌定位或创新商业模式，才会出现差异化，进而增加营收、增加利润、提高市场占有率。

➢ **市场开发**

● **象限：旧产品＋新市场**

● **做法**：针对既有旧产品，开发新市场。所谓新市场，就是原区域的新客户群，或找寻新区域。

例如：旧产品只卖给中国台湾地区女性，可开发中国台湾地区男性新市场，也可开发大陆女性或大陆男性新市场。

➢ **产品延伸**

- **象限**：**新产品＋旧市场**
- **做法**：针对原有市场的客户群，开发新产品加入战场，或创造新需求让原市场客户群再消费。

  例如：旧产品只卖给中国台湾地区女性，同样针对中国台湾地区女性，可开发新产品，让她再购买新产品。

➢ **多角经营**

- **象限**：**新产品＋新市场**
- **做法**：针对新市场，开发出新产品。
- 例如：原旧产品只卖给中国台湾地区女性，可开发新产品，卖给中国台湾地区男性，或卖给大陆女性或大陆男性。

案例 ▶▶ 某银行信用卡目标设定

信用卡是银行很重要的一项业务，之前在某家银行讲授企划流程时，针对三年目标设定（也可做一年，但一般会做三年）曾做过很深入的探讨。

设定目标对营业单位之所以重要，主要是它和公司的营运成长、资源分配、人力多少，甚至跟薪水都有关系。而目标设定的方法有很多种，一般常用的有三种：市场式、市占式、成长式。**市场式**可参照安索夫矩阵，将四个市场的目标加总；**市占式**则是根据整个市场大小，乘以所有成长的市场占有率；**成长式**，顾名思义，直接设定要成长多少就对了。下面以某银行信用卡目标设定，逐一说明示范。

一、市场式：安索夫矩阵

以"市场"为主要关注点。**三年计划——市场式**示范如下：

⊃市场共分为四块，分别设定目标，再全部加总，就是总目标。

1. 市场渗透（旧产品＋旧市场）

旧产品：玫瑰卡

旧市场：上班女人

定位：认真的女人最美丽

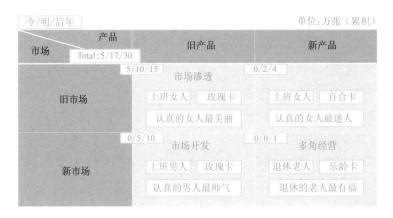

图 4－16 三年计划——市场式

目标：今年 5 万张信用卡→明年 10 万张信用卡→后年 15 万张信用卡

2. 市场开发（旧产品＋新市场）

旧产品：玫瑰卡

新市场：上班男人（同样玫瑰卡的优惠，让男人享有）

定位：认真的男人最帅气

目标：今年 0 万张信用卡→明年 5 万张信用卡→后年 10 万张信用卡

3. 产品延伸（新产品＋旧市场）

新产品：百合卡（不同的百合卡新优惠，让女人享有）

旧市场：上班女人

定位：认真的女人最迷人

目标：今年 0 万张信用卡→明年 2 万张信用卡→后年 4 万张信用卡

4. 多角经营（新产品＋新市场）

新产品：乐龄卡（创造属于老人的乐龄卡，让退休老人享有）

新市场：退休老人

定位：退休的老人最有福

目标：今年 0 万张信用卡→明年 0 万张信用卡→后年 1 万张信用卡

➲总市场

目标：今年 5 万张信用卡→明年 17 万张信用卡→后年 30 万张信用卡

二、市占式：成长分析表

以"市占"为主要关注。**三年计划——市占式**示范如下：

表 4 - 1　三年计划——市占式

单位：万张（累计）

产品	市场（外部）			目标（内部）			市场占有率		
	今年	明年	成长率	今年	明年	成长率	今年	明年	成长
信用卡	20	57	185%	5	17	240%	25%	30%	+5%

产品	市场（外部）			目标（内部）			市场占有率		
	明年	后年	成长率	明年	后年	成长率	明年	后年	成长
信用卡	57	75	32%	17	30	76%	30%	40%	+10%

　　这张成长分析表跟安索夫矩阵有何不同呢？简单来说，**安索夫矩阵所呈现的是一种市场组合的概念**，强调不要只是着眼于目前的市场，而应该去寻找新市场；**成长分析表则是把所有市场一起看**，毕竟要清楚分出"旧产品—新产品"与"旧市场—新市场"的数字组合，是很不容易的。

　　另外，市占式的成长分析表很适合在目前的企业中使用。过去我在外资企业工作期间，每半年得跟总部做一次新目标设定，每次都要花很多时间和领导"谈判"，领导总是要"压榨"我们，逼我们拿个高目标，而我们总是要对领导"装死"，希望拿个低目标，彼此就在不断较量……

　　后来我自己设计了讨论表格，就是这个"市占式目标设定表"，以前要讨论三小时的东西，后来只要半小时就可以搞定，谁也不用欺骗谁。因为外部市场规模有公开的市调公司 IDC 提供（除非公司决定不相信它），而公司内部有今年的既有营业额、市场占有率资料，只要专注在明年市场（外部）大小，再乘上明年所要达到的市场占有率，明年业绩目标（内部）自然会被计算出来。

　　用这张表来看，以当年与下年为例，当年外部市场有 20 万张信用卡机会，公司市场占有率 25%，所以当年公司发卡实际数字是 5 万张。下年市场会成长为 57 万张，若市场占有率成长到 30%，下年的目标设定大约就要 17 万张！而下年 17 万张的目标比当年 5 万张的实际表现，下年的业绩成长率便是 240%。下年与后年的计算方法一样，这样就可以列出三年成长计划了。

三、成长式：直接成长目标

以"成长"为主要关注点，不需要使用任何工具，只看公司组织高层所设定的年度财务目标，直接由上而下即可。**三年计划——成长式**示范如下：

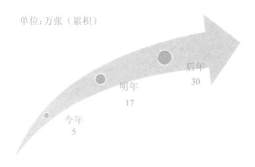

单位:万张（累积）

后年
30

明年
17

今年
5

图 4 – 17　三年计划——成长式

陈老师即战心法补帖 ▶ ▶

● 目标的设定逻辑

在做目标设定时，要尽量避免盲目由上而下的成长。

不是不愿意成长，而是要知道成长多少是合理的。有时市场大好，表面目标设定已高度成长，事实上是把目标设低了；有时市场大跌，表面给出低目标，事实上已把目标设高了。

身为一个职业经理人，在做总目标设定或各个事业体目标分配时，尽量要使用专业分析工具，用市场式或市占式都可以。

● 安索夫矩阵与 SWOT 矩阵的联结

SWOT 矩阵与安索夫矩阵之间是否具备某种联结性呢？

大部分 SWOT 矩阵中的议题策略，多半会落在安索夫矩阵的"旧产品＋旧市场"这一块，主要的操作策略是市场渗透。简单来说，整个安索夫矩阵，是一种除了旧有产品与旧有市场之外，试着去开发新空间的概念。

这些"新空间"，指的就是市场开发、产品延伸、多角经营，而这三块新空间又会有各自的操作策略，所以整个市场操作策略便由这四块的操作策略统合而成。如此一来，整个安索大的操作策略执行细节，便与后续的 STP 区隔定位及 4P 营销组合产生联结。

27　区隔定位

一样米养百样人

工具▶▶STP 矩阵

目的▶▶找到市场区隔，选择目标，产生定位，才有焦点进入执行细节

产品线	1. 区隔（Segmentation）/选择(Tangeting)				定位（Positioning）	
	区隔市场1	区隔市场2	区隔市场3	区隔市场4	产品定位	企业定位
产品线A						
产品线B						
产品线C						
产品线D						

1. 区隔市场
（找到最佳的区隔方式）

2. 选择目标
（选出要经营的区隔市场）

3. 找到定位
（客户要的，自己强的，对手弱的）

图 4–18　STP 矩阵

这个章节，将进入第四个流程"策略"，技术是区隔定位，工具是 STP 矩阵。在说明 STP 矩阵之前，先来回顾"策略"这两个字：

"策略"属于创新式企划五大流程中第四个流程，前面三个流程也都曾提到策略，"目的"流程有商业模式策略，"现状"流程有 SWOT 矩阵策略，"目标"流程有安索夫矩阵策略，这里又有个 STP 矩阵策略，到底哪一个是真正的策略呢？关于这点，我的解释是：

- 商业模式指的是"经营策略"。
- SWOT 矩阵指的是"议题策略"。
- 安索夫矩阵指的是"市场策略"。
- STP 矩阵指的是"定位策略"。

企划流程中，处处有策略，但其定义、内涵及应用各有不同。在创新式企划五大流程中，我们把"策略"流程定义给了 STP 矩阵策略，因为在行销

企划中，常会提道："我们的目标客户群在哪里?"而从商业模式九宫格第一个关注"目标客户群"就可以得知，这就是把 STP 矩阵坐落在策略流程的主要原因。

STP 矩阵包含区隔市场（Segmentation）、选择目标（Targeting）、找到定位（Positioning）三个步骤，定位又分为产品定位及企业定位（也可以是产品群定位），以下逐一说明：

一、区隔市场：找到最佳的区隔方式

在 STP 矩阵中，区隔市场放在横轴，而要做到市场区隔，就得要从区隔变量做起。（区隔市场在 3C 法及商业模式中都有提过，这里再重复一次，以利于整个技术说明）

- **家用产品**
    - √ 人口变量：性别、年龄、学历、收入、职业……
    - √ 行为变量：寻求利益、购买方式……
    - √ 心理变量：兴趣嗜好、人格特质、生活形态……
- **商用产品**
    - √ 行业：金融、科技、电信、运输、医疗、制造、政府部门、学校、军队、服务……
    - √ 规模：大、中、小企业，个人……
    - √ 地域：北、中、南、东、西……

很多营销人都会选择"宁可错杀一百，不想放过一人"的大众营销模式，这不是不好，而是可以更好，再模糊的大众市场都有办法再切割，连口香糖、牙膏、卫生纸这类大众用品都可以做市场区隔。

目标客户群一旦没有区隔，就不会有聚焦，营销人员就不知道如何探询顾客的需求，当然也就无法做出吸引人的商品定位——没有谁（Who），又何来怎（How），更别说做（What）。

二、选择目标：选出要经营的区隔市场

在 STP 矩阵中，产品线放在纵轴。完成横轴的市场区隔后，就要根据纵轴产品选择其中的市场区隔，作为主攻的目标客户群可复选，而选择市场的参考原则是：

- **是否具备市场吸引力**

  此市场是否具备大规模、高成长、低风险、高获利。

- **是否与对手有差异化**

  要跟对手把品牌、策略、商业模式、产品、价格、渠道、促销、服务，彻底分析比较，确认自己是否具有差异化。

- **是否符合企业愿景及企业核心优势**

  确认自己在企业愿景及核心优势（关键资源、关键能力、关键伙伴、生产、营销、人事、研发、财务）上，是否与目标客户群的需求相符合。

一般选择目标市场的方式分为五种：**单一性**、**选择性**、**产品性**、**市场性**、**全面性**。以下依定义、特点及风险逐一介绍：

➢ **单一性（单一产品/单一区隔）**

表 4 - 2　单一性

产品线	区隔/选择				定位	
	区隔市场 1	区隔市场 2	区隔市场 3	区隔市场 4	产品定位	企业定位
产品线 A	√					
产品线 B						
产品线 C						
产品线 D						

企业将目标和资源放在某一特定区隔，也就是所谓的利基市场，通常是小规模公司或新产品刚刚导入，或是某种需要特殊核心能力才能运作的市场区隔。

➢ **选择性（多样产品/多样区隔）**

表 4 - 3　选择性

产品线	区隔/选择				定位	
	区隔市场 1	区隔市场 2	区隔市场 3	区隔市场 4	产品定位	企业定位
产品线 A	√					
产品线 B		√				

续表

产品线	区隔/选择				定位	
	区隔市场1	区隔市场2	区隔市场3	区隔市场4	产品定位	企业定位
产品线 C			√			
产品线 D				√		

　　企业以多样产品进入多样市场区隔，并发展不同的区隔营销策略，是企业最常使用的一种安全均衡做法。

➤ **产品性（单一产品/全部区隔）**

表 4－4　产品性

产品线	区隔/选择				定位	
	区隔市场1	区隔市场2	区隔市场3	区隔市场4	产品定位	企业定位
产品线 A	√	√	√	√		
产品线 B						
产品线 C						
产品线 D						

　　指企业在某一产品线，供应给所有的市场，不用做区隔。一般比较大众化的商品，会有这样的营销操作模式，例如水果，小孩、学生、上班族、乐龄族都可以食用，也不用分区隔来操作。

➤ **市场性（全部产品/单一区隔）**

表 4－5　市场性

产品线	区隔/选择				定位	
	区隔市场1	区隔市场2	区隔市场3	区隔市场4	产品定位	企业定位
产品线 A	√					
产品线 B	√					
产品线 C	√					
产品线 D	√					

企业为某一客户群提供各种产品，以满足其不同的需要。例如跑车俱乐部，厂商除了卖跑车给那些企业精英之外，还可以贩售高尔夫球证、职场高级管理训练……简单来说，就是满足这个目标客户群可能从事的各种相关活动需求。

> **5. 全面性（全部产品/全部区隔）**

指企业有足够的产品、足够的资源，涵盖整个市场的不同需求，这种情况很少，几乎不会有公司这样运作。

表 4－6　全面性

产品线	区隔/选择				定位	
	区隔市场 1	区隔市场 2	区隔市场 3	区隔市场 4	产品定位	企业定位
产品线 A	√	√	√	√		
产品线 B	√	√	√	√		
产品线 C	√	√	√	√		
产品线 D	√	√	√	√		

三、找到定位：客户要的，自己强的，对手弱的

当做出市场区隔并选出想做的目标区隔后，接下来就要对选出的目标区隔做市场定位及声明。简单来说，**产品定位就是企业以目标客户群为主的认知陈述**，又可称为"独特价值"或"独特卖点"。

请注意，这里特别提到"认知"这两个字，如果说区隔、选择是科学，那么定位就是艺术，因为传达或改变认知是一种艺术层次。

一个有效的定位，必须同时具备三个条件——客户要的，自己强的，对手弱的，这个概念也同时用在许多销售及企划的技术中。而在定位中，我们最常用到的工具就是知觉定位图。"知觉定位图"是指消费者对产品或品牌的知觉或偏好的形象化表述，同时也描述出企业与竞争对手的相对位置，并做出定位、承诺及创意标语。

我举个汽车的例子，是关于 L 牌进口休闲旅游车。假设对手是某知名品牌，我们要做出它的知觉定位图，总共有五个步骤：

1. 客户要的

质量、价格、品牌、功能、操控。（经过客户需求调查）

2. 自己强的

质量、价格、品牌、功能。（删去操控，因为操控不是自己强项）

3. 对手弱的

质量、价格、功能。（删去品牌，因为品牌有人比你更强）

4. 关键变量

质量、价格。（挑出两个自己最强的项目，作为前两个关键需求变量，因为功能是否胜出很难界定，所以挑出品质与价格）

5. 知觉定位

根据两个关键变量，画出知觉定位图，并把对手也标于图中，再写下定位、承诺、标语。

◐注意，图 4–19 这张**L 牌汽车的知觉定位图**，是属于休闲旅游车的定位，关于其他产品线如轿车、跑车系列，也都要做一张。

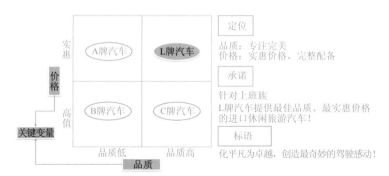

图 4–19　L 牌汽车的知觉定位图

案例 ▶▶某建设公司的 STP 矩阵

我曾经帮一家很知名的建设公司讲授企划课，因为买房是终身大事，所以在动工之前，必须先做好完整的 STP 矩阵定位，才不会盖出不知道要卖给谁的房子。下面介绍这个例子，内容经过修改与模拟，并非真实情况，读者只要内化这个工具即可。

表 4 - 7 买房的 STP 矩阵定位

物件	区隔/选择				定位	
	上班族（年薪小于 100 万元新台币）	一般主管（年薪 100 万—300 万元新台币）	高级主管（年薪大于 300 万元新台币）	企业（私人企业）	产品定位	企业定位
刚性住宅（小于 1000 万元新台币）	√	√			实惠/品质	
一般住宅（1000 万—5000 万元新台币）		√	√		科技/品质	数字智慧环境共生品牌永续数字二代宅
豪宅（大于 5000 万元新台币）			√		科技/管理	
厂办（月租大于 20 万元新台币）				√	云端/安全	

- 〔模拟〕区隔市场

  把收入的高低放在横轴。因为买房是一大笔钱，使用收入来做市场区隔最为恰当。

    √ 上班族：年薪小于 100 万元新台币

    √ 一般主管：年薪 100 万—300 万元新台币

    √ 高级主管：年薪大于 300 万元新台币

    √ 企业：私人企业

- 〔模拟〕选择目标

  把物件的种类放在纵轴，并选择区隔的市场。

    √ 刚性住宅：小于 1000 万元新台币，选择上班族/一般主管。

    √ 一般住宅：1000 万—5000 万元新台币，选择一般主管/高级主管。

    √ 豪宅：大于 5000 万元新台币，选择高级主管。

√ 厂办：月租大于 20 万元新台币，选择私人企业。

- 〔模拟〕找到定位

四个物件（刚性住宅、一般住宅、豪宅、厂办）都要做知觉定位图。以**豪宅的知觉定位图**示范说明。由客户要的，自己强的，对手弱的，判断出前两个关键变量是科技与管理，把自己放在右上角，其余主要对手放在其他象限，再往下写出定位、承诺和广告语：

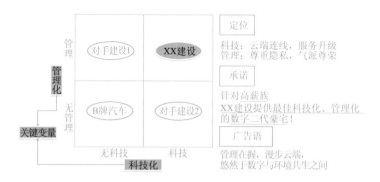

图 4 - 20　豪宅的知觉定位图

之后再用同样步骤，找到刚性住宅、一般住宅、厂办个别的产品定位。最后，记得要找到整个企业定位作为市场沟通大伞。例如企业定位："数字智慧，环境共生，品牌永续——数字二代宅！"这样 STP 矩阵就算完成了！

陈老师即战心法补帖▶▶

STP 矩阵之使用有两个特色：

⮕**统整化**

有关 STP 的文章及工具很多，"STP 矩阵表"是我在前公司自行设计的实用表格，因为企业不会只有一个产品线，必须要经过统整才行。这张 STP 矩阵表，一目了然，易读易懂，后来就成为公司产品经理共享的沟通表格。

⮕**责任化**

产品经理看横的：这是一种由产品线出发，跨区隔市场的概念。从上面案例来看，负责刚性住宅的产品经理，要兼顾到两种目标客户群（上班族及一般主管），如果这两个客户群分属于两位销售经理，那么产品经理就需要跟两位销售经理配合。

销售经理看直的：这是一种由区隔市场出发，跨产品线的概念。有时销售经理就需要跟两位以上的产品经理配合。

市场沟通看右边：最右边的定位，是市场沟通经理在看的，有个别的产品定位，作为产品的沟通主轴。最后再加上一个企业定位，作为企业的沟通大伞。

28 创意沟通

创意沟通，不是天马行空

工具►►创意广告语十模型

目的►►用科学方式产生有创意的广告语，让创意更快速，推广更顺利

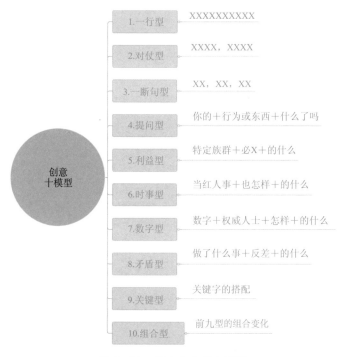

图 4-21 创意广告语十模型

好的广告语，每喊一次口号，就等于在心上刻一道印痕，知名度及好感度立刻往上攀升。

设计创作一句创意广告语，有时灵感一来，再加上文字押韵能力，就可以信手拈来，但既然本书谈的是技术，我们就用较为科学的方法来运作，不但速度快，而且保证产出质量稳定。在这个章节里，我所提供的工具是"创意广告语十模型"，下面就直接举例说明，以陈老师的职场五力广告语思路设计示范介绍。

案例 ▶▶陈老师的职场五力广告语

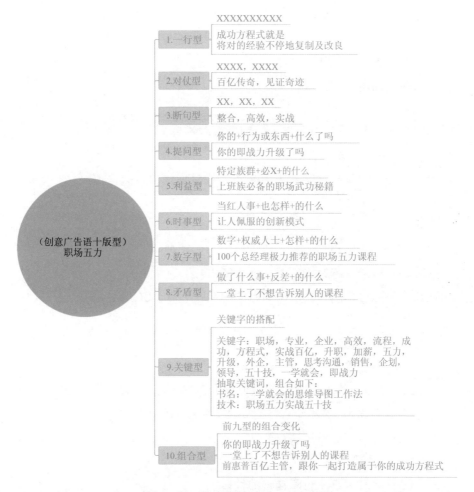

图 4-22 陈老师的职场五力广告语

请参考这张职场五力广告语设计模型整合思维导图。

➢ 一行型〔模型1〕→呈现出一种容易理解的说明与传播

● 模型：**XXXXXXXXXXX**

● 说明：选取简单又有意义的一段话，有时是最直接的传达。
  各位还记得有个广告语——科技始终来自人性吗？这个广告语让它的
  产品卖翻天，当然前提是这个产品要够好。

- 示范：成功方程式就是将对的经验不停地复制及改良。

➢ **对仗型〔模型 2〕→呈现出一种诗词的美感**

- 模型：**XXXX，XXXX**

- 说明：一般是三个字到五个字对仗，六个字以上就不好记，可押韵，也可不押韵。例如，"货出得去，人进得来，专注完美，近乎苛求"，就是采用对仗的方式。

- 示范：百亿传奇，见证奇迹。

➢ **断句型〔模型 3〕→呈现出一种节奏与气势**

- 模型：**XX，XX，XX**

- 说明：一般是两个字，采用断句方式呈现，像古道、西风、瘦马，就属于这一类型。

- 示范：整合，高效，实战。

➢ **提问型〔模型 4〕**

- 模型：**你的＋行为或东西＋什么了吗?**

- 说明：通过提问，唤醒沟通对象的自我对话，引出潜在需求。

- 示范：你的即战力升级了吗?

➢ **利益型〔模型 5〕**

- 模型：**特定族群＋必 X ＋的什么**

- 说明："特定族群"就是你想要做的目标市场，"必 X"可以是必备、必要、必须等，"的什么"是一种事物或利益的陈述。

- 示范：上班族必备的职场武功秘籍。

➢ **时事型〔模型 6〕**

- 模型：**当红人事＋也怎样＋的什么**

- 说明：利用当下最红的人事来衬托出沟通的强度。

- 案例：让人佩服的创新模式。

➢ **数字型〔模型 7〕**

- 模型：**数字＋权威人士＋怎样＋的什么**

- 说明：用一个量化的该产业权威人士为产品做推荐与保证。

- 示范：100 个总经理极力推荐的职场五力课程。

➤ **矛盾型〔模型 8〕**

- 模型：**做了什么事 + 反差 + 的什么**
- 说明：用反差矛盾来引起注意力与好奇，这是一种很有力的技巧，很多编辑故意下反差标题来引起读者的注意。
- 示范：一堂上了不想告诉别人的课程！

➤ **关键型〔模型 9〕**

- 模型：**关键词的搭配**
- 说明：用自由联想方式列出一堆跟主题相关的关键词，越多越好，以便萃取与组合。
- 示范：职场五力相关关键词有职场、专业、企业、高效、流程、成功、方程式、实战、百亿、升职、加薪、五力、升级、外企、主管、思考、沟通、销售、企划、领导、五十技、即战力……

  用这些关键词就可以挑选组合出这本书的书名《一学就会的思维导图工作法》，以及核心技术"职场五力实战五十技"，甚至上一本书名《职场五力成功方程式》都可轻易产生。

➤ **组合型〔模型 10〕**

- 模型：**前九型的组合变化**
- 说明：以前九型互相组合与补强，做出主标与副标，变成主从层次的有效沟通。
- 示范：例如我要开一堂职场五力的课程，抽取前九型的组合，产生创意广告语做成直邮广告：

  你的即战力升级了吗？〔提问型〕

  一堂上了不想告诉别人的课程！〔矛盾型〕

  前惠普百亿主管跟你一起打造属于你的成功方程式。〔一行型〕

陈老师即战心法补帖▶▶

⊃产品强度

一个再好的广告语，也必须要有本质好的产品，才能相得益彰，否则强大的广告语，反而会突显出产品的缺点。

⊃**定位联结**

创意广告语跟沟通力"价值型"黄金圈沟通有很直接的联结，所以创意广告语最主要的使命，就是传达企业或产品的价值与定位。

⊃**真实程度**

创意广告语本身就是一种艺术，既然是艺术，当然也会有夸饰的成分，大概保持在"七分真，三分夸"的状态，就是一个很好的广告语设计。

29 品牌管理

品牌就是消费者对你公司的认知

工具▶▶品牌蓝图八元素

目的▶▶长期经营在目标客户群中的内在认知与忠诚度

图 4-23 品牌蓝图八元素

关于品牌，涵盖的领域很广，诸如品牌愿景、品牌文化、品牌建立、品牌经营、品牌策略、品牌识别、品牌定位、品牌形象、品牌故事……很难一言以蔽之，因此，品牌的本质就是消费者内心对产品或服务的一种综合认知与感受。总而言之，品牌是需要被管理的，所以我把这个技术称为"品牌管理"，使用的工具是"品牌蓝图八元素"。

在沟通力"价值型"中，黄金圈沟通谈的是为什么（Why）、怎么做（How）、做什么（What），因为品牌关联到目标客户群，所以会加上谁（Who），然后往下展开：

➤ **Why——愿景、使命**

1. 愿景：设定企业核心价值，希望成为一个什么样的企业。

2. 使命：根据愿景，公司需要做什么事，承担什么样的任务。

➤ **How——定位、承诺**

3. 定位：同 STP 矩阵中的 P，自己最强的关键要素是什么。

4. 承诺：要跟客户许下什么样的效益与保证的承诺。

➤ **Who——个性、识别**

5. 个性：鲜明的品牌个性，可突显品牌特质，联结客户情感需求。

6. 识别：品牌个性的有形商标，识别联结便会产生归属与忠诚。

> **What——产品、服务**

7. 产品：提供目标客户有形或无形商品。

8. 服务：提供目标客户售前、售中、售后服务。

案例 ▶▶创新未来学校的品牌蓝图

2016 年 5 月，我在创新企划公开课试讲"思维导图于职场的高效应用"，讲到黄金圈的模型应用时，郑老师忽然喊暂停，很兴奋地说下课十分钟，让他去找出公司的品牌蓝图，并试着跟思维导图架构结合。之后看到他一手创立的创新未来学校品牌蓝图时，我真是感动万分，果然他不愧是我最欣赏与尊敬的教育家！

下面这一张思维导图，就是用思维导图法将郑老师创新未来学校的品牌蓝图八元素做结合，原来品牌管理可以这么简单！

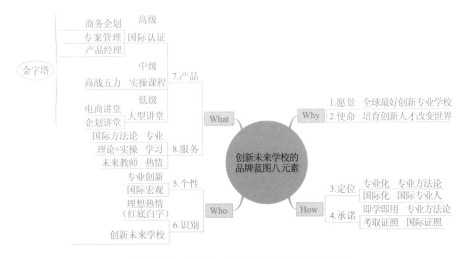

图 4－24　创新未来学校的品牌蓝图八元素

> **Why**

- 〔**1. 愿景**〕希望成为全球最好的创新型专业人才培训学校。

- 〔**2. 使命**〕培育创新人才改变世界，不只是为了盈利，更不是补习班，而是为中国台湾培养国际化人才。

> **How**

- 〔**3. 定位**〕专业化与国际化，是当前学员最需要的，也是创新未来学校最强的两个关键要素。在专业化部分，引进国际专业方法论培训认证，例如 WBSA 商务企划、PMP 项目管理、NPDP 产品经理，致力于将学员训练成国际化专业人才，并进一步取得国际专业人才证照。

- 〔**4. 承诺**〕课程设计即学即用，帮助学员稳固专业实力，同时辅导考取国际证照，增加其职场核心竞争力。

➢ **Who**

- 〔**5. 个性**〕专业创新，国际宏观，跟定位一致。
- 〔**6. 识别**〕创新未来学校"理想热情"用红底白字。红色是最能体现出热情的颜色。

➢ **What**

- 〔**7. 产品**〕采用金字塔的分级商业模式。
  - √ 国际认证：WBSA 商务企划、PMP 项目管理、NPDP 产品经理。
  - √ 实操课程：商战五力系列课程。
  - √ 大型讲堂：以平价的大型讲堂（电商讲堂、企划讲堂）大量吸收学员，并鼓励其往上进级，把学员都当成创新未来学校的学生看待，帮助他们终身学习。
- 〔**8. 服务**〕创新未来学校所提供服务，就是让学员感受到专业、学习、热情。引进全球最先进的国际专业方法论，学习方式采用理论加上实操并行，并打造创新未来教室激发学员的学习热情，传达未来学校一贯的精神。

陈老师即战心法补帖▶▶

品牌管理、黄金圈、商业模式的联结：

⊃品牌管理和黄金圈

黄金圈由 Why、How、What 组成，而品牌管理则提到 Why、How、Who、What，所以品牌管理就是黄金圈加上个性与识别。

⊃品牌管理和商业模式

如果商业模式是一个商业逻辑，关注的是创新经营，那么品牌管理就是一种商业艺术，关注的是情感联结，而在商业模式中的价值主张，其实跟品牌管理的意义是一致的。

30 产品策略

产品跟人一样，也有生老病死

工具▶▶产品生命周期

目的▶▶了解产品生命周期的过程，并在对的时间，做对的事情

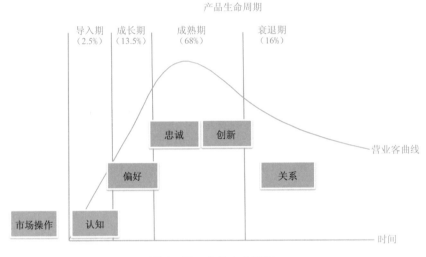

图4-25　产品生命周期

由"策略"流程到"执行"流程，是一个由战略进入战术的连续动作。在"执行"流程中，我们讲到所谓的4P。市场上已经有人谈到7P，但本书既然是以简单易懂为出发点，我想就4P本质来讨论，应该会是一个较为快速且有效的切入方式。

4P营销组合指的就是**产品策略（Product）**、**价格策略（Price）**、**渠道策略（Place）**、**促销策略（Promotion）**，而这一节要谈的是产品策略，运用的工具是"产品生命周期"。

产品生命周期可分四个阶段，各有不同操作重点：

一、导入期

● **状况**：新产品刚导入市场，这个时期的特征是产品没有人知道，只有少数大胆的创新购买者（约占总顾客数的2.5%）会成为第一批顾客，

市场上竞争者非常少，销售量与获利都低。

- **操作**：**提升认知**，主要动作就是要跨越市场鸿沟。就像新能源汽车，最该做的就是让使用者接受新能源汽车的好处，消除新能源汽车的充电疑虑，根本不用管竞争的问题。

- **指标**：知名度。

二、成长期

- **状况**：若导入期发展顺利，成功跨越了市场鸿沟，产品将进入下个阶段，称为成长期。通过创新购买者的口碑，吸引早期使用者开始购买，此时竞争对手开始加入市场，销售量快速增加，获利也快速增长。

- **操作**：**提升偏好**，主要的动作就是扩充销售管道，以抢夺市场占有率为首要目标。我经历了打印机畅销的年代，最主要任务就是扩充一家家渠道，积极站稳市场占有率。

- **指标**：知名度。

三、成熟期

- **状况**：成长期顺利发展，将逐渐进入产品成熟期，中间大量的消费者（约占总顾客数的68%）加入采购行列，将产生高营收与稳定获利，为公司带进大量的现金流。

➲成熟期分为前期跟后期，各占34%，前期是市场成长缓升，后期是市场开始缓降。

- **操作**：前期**确保忠诚**，后期**启动创新**。
  前期→主要动作要树立标准化。例如，想到打印机就想到惠普，惠普就得努力制定标准驱动程序与技术；想到手机就想到苹果，苹果就得努力制定手机的标准平台与技术。这阶段最该关注的就是标准化的制定。
  后期→产品已高度标准化，且该买的大都买了，此时最主要动作就是要找到新的商业模式或新市场。例如，你看周杰伦又是唱歌，又是拍电影，并且往大陆发展，就是因为在中国台湾地区，他这个商品已经进入成熟期后期，必须创新了。

- **指标**：前期为忠诚度，后期为创新度。

四、衰退期

- **状况**：产品经历成熟期之后，逐渐步入衰退期，这时只有落后型的消费者会购买，大部分的弱品牌已退出竞争，产品的营收大幅衰退，获利平平。
- **操作**：保持**关系**，主要动作就是跟原有客户保持紧密关系，以备让他再购买公司下一波新产品。
- **指标**：关系度。

案例 ▶▶前公司的打印机事业群4P操作——产品篇

从这个章节开始，我会把4P分成四篇介绍，出于连贯性考虑，我仍以前公司的惠普打印机经营操作为例，整个过程涵盖不同的阶段，读起来比较真实生动，并且便于读者融会贯通。

在我当打印机产品经理期间，因为打印机本身是一个产品群，有很多不同系列的打印机，刚工作的时候，几乎所有的打印机都用同种市场操作方式，如今回想起来，真觉得有点无知。

首先，简单做个产品介绍（串联整个4P案例）：

- 数码复合机：复印机的进化，具备数码管理与整合功能。
- 多功能事务机：传真机的进化，具备数码管理与整合功能。
- 彩色激光：即彩色激光打印机，具备四支碳粉匣。
- 黑白激光：即黑白激光打印机，具备一支碳粉匣。
- 热泡喷墨：早期的喷墨打印机，具备两个墨盒。

图4－26为HP打印机系列的产品策略：

➤ **导入期（数码复合机）**

操作重点是跨越市场鸿沟，提升产品知名度。

数码复合机在当时是一个全新的概念，只要告诉消费者，这是个什么样的东西就够了。

➤ **成长期（多功能事务机）**

操作重点是扩充渠道，抢市场占有率，提高客户指名度。

多功能事务机整合了打印、扫描、传真、影印，且体积轻巧，所以上市后很快就迎来了成长期，当时我们的操作方式就是不停地扩充渠道，不管是

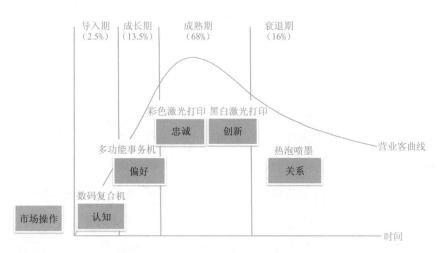

图 4-26　惠普打印机系列产品策略

门店、卖场、电商、商用渠道，甚至办公室家具渠道，逢人皆是友。

> **成熟期（前期：彩色激光打印机；后期：黑白激光打印机）**

前期操作重点是树立标准化，确保客户忠诚度。

彩色激光打印机在当时已进入成熟期的前期，市场很大，技术分为 in-line 和 4 pass 两种。简单来说，in-line 是新技术一次套印，4 pass 是旧技术四次套印，而我在那时候提出的产品文案，重点就是要让惠普打印机 in-line 新技术成为市场标准化。

惠普彩色激光打印机，全面采用 in-line 技术，具备速度快、零夹纸、输出佳、无噪音：

　　　　√ 速度快：四色齐上，打印速度快。

　　　　√ 零夹纸：直渠道径，夹纸近乎零。

　　　　√ 输出佳：一次成像，打印质量佳。

　　　　√ 无噪音：打印顺畅，安静无噪音。

这个建立技术新标杆的动作，让惠普公司彩色激光打印机的市场占有率，从我刚接手时的 28%，在半年内提升至 65%，是我在当产品经理时，能力印证的一个很重要体现。

后期操作重点是找新的商业模式或新市场，启动产品创新度。

黑白激光打印机是市场主力，也是营业额最大的产品，但它已经慢慢走向成熟期后期，这时该做的就是创新，例如引进行业解决方案，让打印机不只是在公司打印，可能是用来做药袋套印、账单套印、营销套印、水印加注，或打印机打印控管……这样才能让黑白激光打印机保持市场占有率。

➤ **衰退期（喷墨打印机）**

操作重点是与原有的客户保持紧密关系。

喷墨打印机在激光打印机上市之后，便渐趋式微，最好的方式就是不去大力推广，让它安然地慢慢下市，最重要的是把这些客户关系转去采购激光打印机。

产品的定义

关于产品定义，就广义而言，任何能满足目标客户群的需求或利益者，包括实体的商品与非实体的服务，甚至无形的理念或价值观等，皆可称为产品，如图 4 – 27 共分为三种类型：

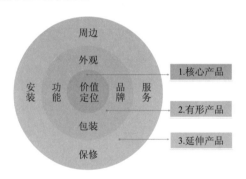

图 4 – 27　产品的三种类型

- **核心产品**：即价值定位，它能让购买者因相信而得到心理满足。

  例如→惠普激光打印机——买得起的好质量。

- **有形产品**：包含品牌、功能、外观、包装。

  例如→惠普激光打印机。

- **延伸产品**：包含周边配件、安装、保修、服务等。

  例如→惠普激光打印机的碳粉匣、送纸匣、上门组装、三年保修。

陈老师即战心法补帖▶▶

关于产品生命周期，可分为应用性和平衡性来探讨：

⊃产品生命周期的应用性

产品生命周期除了用在产品的管理之外，就某种程度而言，地域或行业也是广义的应用范围。

地域：例如一个负责亚太区的业务主管，就地域角度：

——印度在导入期。

——中国大陆在成长期。

——越南和泰国在成熟期前期。

——中国台湾地区、韩国和日本在成熟期后期。

行业：例如从投资者的评估，就行业角度：

——生技行业在导入期。

——移动设备在成长期。

——笔记本电脑行业在成熟期。

——输出行业在衰退期。

⊃产品生命周期的平衡性

回到产品生命周期的角度，每个公司的产品，必须平衡植入在每个周期，如海浪般一波波地往前打。

如果一家公司只有成熟期产品，那么注定这家公司明天就有大风险，因为这些产品很可能会在明天同时进入衰退期而下车。

31 价格策略

你是卖价值，还是卖价格

工具▶▶价值曲线

目的▶▶极大化收益，极小化冲突，极强化竞争

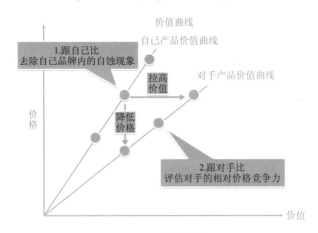

图4-28 价值曲线

相较于其他3P，价格策略是唯一创造实际营收的元素，也是4P中最具挑战性的元素。

对顾客而言，价格是客户对于生产者加诸产品价值最直接的感受。关于价格策略，大家会先联想到定价策略，这会在后面的章节中提到，本节要探讨的重要工具叫作"价值曲线"。

价值曲线的概念，在我当产品经理期间非常受用，因为一个产品经理一般是看一整个产品线，而一个产品线通常会有很多型号，价值曲线有两个功能：

- **跟自己比**：管理自己产品的自蚀现象。
- **跟对手比**：评估对手产品的相对竞争。

先以进口车 X 牌与进口车 A 牌车比较：

一、跟自己比：管理自己产品的自蚀现象

进口汽车 X 牌有一款很畅销的车叫作 X5（售价大约 300 万元新台币），

之后又发布一台基本款车叫作 X1（售价大约 200 万元新台币），而对手 A 牌有一款介于 X1 与 X5 中间规格的车叫作 A3，售价只要 230 万元新台币，所以 X 牌 X1 及 X5 都被打倒。于是 X 牌决定发布一款跟 A3 一样规格的 X3 来对抗它，这时候的定价就要非常小心。

有人说，既然规格都一样，X3 的价格也应该定在 230 万元新台币，请问这是对的吗？依我个人看法，这是错的。因为在 X3 还没打倒 A3 的时候，已经先打倒自己的 X1 和 X5，就算台数总量不变，总体营业额也可能是下降的。至于这题该怎么解，答案就在价值曲线。

要先检查自己的产品线定价是否在同一直线上，因为 X1 要卖 200 万元新台币，X5 卖 300 万元新台币，我认为 X3 的定价就应该定在 250 万元新台币，消费者才会最佳化地均衡分布。

二、跟对手比：评估对手产品的相对竞争

很清楚，若 X 牌 X3 定价是 250 万元新台币，可能打不过 A 牌 A3，A3 处于 X3 的东南方（从图来看，东南方表示有较强的 CP 值竞争力）。此时 X3 有两种做法，降低价格或拉高价值，让 X3 进入 A3 的价值曲线当中。

降低价格是最危险的动作，因为若只有 X3 降价，会先产生自蚀现象，但若 X1、X3、X5 同时降价，量还没起来，就已经先把总体营业额给降下来了。最好的方法就是持续诉求自己的价值定位，就算跟对手有差价，也不用太担心，因为毕竟 X 牌仍具有品牌优势。

案例 ▶▶前公司的打印机事业群 4P 操作——价格篇

2004 年，激光打印机分三种类型，所以当时我们宣布 HP 打印机兵分三路，全面满足客户。这三路分别是多功能型、彩色型、黑白型，但问题来了，每种类型各自有 1、2、3、4 系列，共 12 种机器，价格该怎么定才不会互相打成一团呢？那时我就是使用价值曲线来制定价格。

➢ 跟自己比

管理自己产品的自蚀现象。根据惠普打印机系列价值曲线图，分别从价值曲线、价格与价值三个角度切入分析：

● 从价值曲线的角度

三种类型产品的价值曲线都呈一条直线，这代表同类型之间不会有自

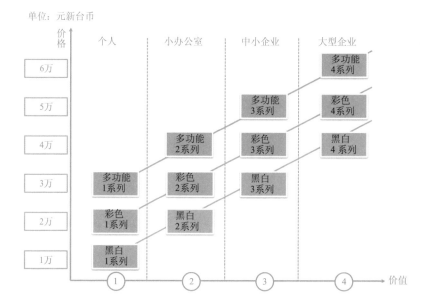

图4-29 惠普打印机的价值曲线

蚀现象。

- **从纵轴的价格角度**

    价格从1万元新台币到6万元新台币，分为六个价格带，操作方式是同样价格，但不同类型、不同系列，例如一样是4万元新台币，可买多功能2系列、彩色3系列或黑白4系列，这样操作会变得简单且易于记忆。

- **从横轴的价值角度**

    从1系列到4系列，每种类型产品规格分四个系列，操作方式是同样系列，但不同类型、不同价格，例如一样是2系列，黑白要2万元新台币，彩色要3万元新台币，多功能要4万元新台币，这样操作也会变得简单且易于记忆。

➲价值曲线图，某种程度也是一种产品组合管理，产品组合管理的第一个动作，便是要把自己产品系列的价格及规格做最佳均衡部署。

> **跟对手比**

评估对手产品的相对竞争。至于对手的位置在哪呢？毋庸置疑，因为对手的品牌比较弱，所以一定会位于东南方，但身为领导品牌，该做的就是持续强化品牌及提升价值，不可贸然做出价格跟进动作。

陈老师即战心法补帖▶▶

在这个章节最后，还要跟大家分享一个很重要的概念，就是定价策略。简单来说，最好的定价就是客户可以接受的最高价格。定价策略会因所处产品生命周期及品牌的强弱，分为三种范式：

➲**价值定价**

状况：一般是导入期或强势品牌。

说明：也称为客户定价或品牌定价，以客户对产品及服务的价值认知来定价。例如 LV，一旦降价，客户反而不想买，这就是很典型的价值定价。

➲**成本定价**

状况：一般是成长期或非强势品牌。

说明：比较属于标准化的产品，价格区间已被认定，市场上也有竞争者，所以只能用成本来往上加，看赚多少毛利合理。

另外，如果是衰退期，也可能会用到成本定价，慢慢收尾，只要不赔钱就可以。

➲**竞争定价**

状况：一般是成熟期或非强势品牌。

说明：如果规格很标准化，且竞争者众多，这时候是买方市场，唯一能做的就是拿出最有竞争力的价格，尽量降低成本迎战。

32 渠道策略

渠道管得好，终日没烦恼

工具▶▶渠道结构

目的▶▶了解整个渠道板块的层次、大小和流向

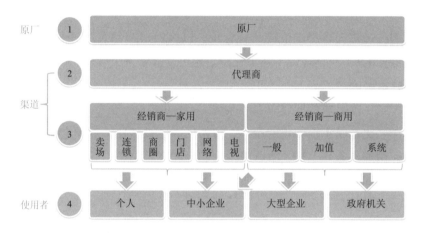

图 4－30　渠道结构

经销商，如上图❷❸的部分，介于原厂和使用者（终端客户）之间，扮演着现金流、物流、信息流、服务流的重要角色。就广义来说，渠道也可说是从原厂，经过渠道，到达终端使用者，其间需要通过的所有路径，我们称之为市场路径。

以下就整个市场路径的四个层次逐一说明。

一、原厂

泛指所有的品牌经营商，例如：惠普、华硕、索尼、苹果、雷克萨斯、宝马、某银行、某医院、某电信公司、某航空公司、高铁……特别要注意的是，每一个原厂都可能是多重身份，例如某银行是提供贷款的原厂，也可能是某家科技公司产品的终端使用者。

二、代理商

渠道的一种，直接跟原厂有财务交易的单位，又称为配销商，主要任务是帮助原厂做下一层经销商的照顾与交易，以及协助原厂做品牌推广与相关进货、销货、库存的动作，一般行话叫作进销存。

三、经销商

渠道的一种，跟代理商有直接交易，与原厂算是间接关系，是真正接触终端使用者的一群人，一般可分为**家用**与**商用**两种：

> **家用经销商**

分为实体及虚拟两种：实体有卖场、连锁、商圈、门店；虚拟则有网络和电视。

〔实体〕

- **卖场**：指量贩店等大型卖场，例如家乐福、大润发、开市客、特力屋……

- **连锁**：连锁店是同一品牌的零售商，通常有标准化的商业模式及中央集团管理，例如灿坤、顺发、康是美、屈臣氏……

- **商圈**：又称为商业中心、商业街，是指城市中由商店、商场、餐馆、办公室等商业设施所组成的主要商业精华区，例如光华商场、建国商场、信义商圈、逢甲商圈或夜市。

- **门店**：所有家用实体，都是以"门店"的方式呈现，而这里的门店，指的是一些社区型的单点小门店。

〔虚拟〕

- **网络**：随着移动设备的大幅成长，以及网络的全面普及化，网络购物是最新兴的渠道，且有逐年增强的趋势。

- **电视**：通过一些很会推销的名嘴或销售人员，以电视叫卖方式来销售，一般是用来触及不想到实体店面消费，而且不爱使用移动设备下单的客户。

> **商用经销商**

分为一般经销商、加值经销商、系统经销商。

- **一般经销商**：指没有门店，以经营中小企业为主的经销商。

- **增值经销商**：指有能力把原厂产品加上自己解决方案或服务的经销商。例如KTV加值经销商，跟代理商买投影仪，但不是只转卖投影仪，而是卖一整套属于KTV总体设备及软件整合的增值服务。
- **系统经销商**：指以经营大型标案为主的经销商。一次标案中可能会涵盖很多产品，这类公司必须很熟悉整个标案的流程与文化，而且需要有很强的财务、系统整合及总体服务的能力。

四、使用者

就是终端客户，其分法有几种：

- **规模**：可分为个人、中小企业、大型企业、政府部门。
- **行业**：可分为金融、电信、制造、运输、服务、医疗……

从渠道架构图来看，个人会跟"家用经销商"采买，中小企业会跟"家用经销商"或"商用一般经销商"采买，大型企业会跟"商用一般或增值经销商"采买，而政府部门则是会跟"商用增值或系统经销商"进行采购。

案例 ▶▶前公司的打印机事业群4P操作——渠道篇

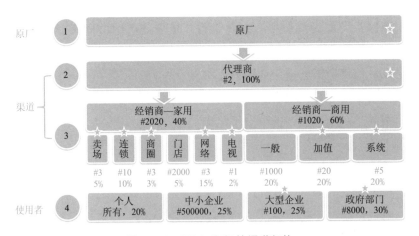

图4-31 HP打印机的渠道架构

HP渠道架构在职场最主要的应用有两个：**业绩设定**和**组织摆设**。

➤ 业绩设定

我在做渠道业绩设定时，大脑第一时间就会浮现一张图，这张渠道架构图只要一出现，答案就全部出来了。

➲这张图中，"#"代表家数，"％"代表占整个原厂产品营业额的比例，每一层由左到右加起来都是100％，当总体产品业绩没有达到时，可一眼看出是哪一个渠道出了问题。

➤ 组织摆设

如果你是在原厂工作，这个观点就很重要了，注意看图中标示星号处，就是有其重要性及集中性，也就是原厂必须摆设人力的地方。

- **原厂**：产品经理，负责整个产品的营销企划。
- **代理商**：代理商经理，代理商虽然只有两种，但需要有业务去洽谈进销存的管理，代理商的进货与否，攸关原厂的存活。
- **经销商**：除了一般家用门店及一般商用经销商交给代理商看管之外，其余建议都要有专人看管，一方面掌握重要经销商，一方面取得与代理商谈判的筹码。
- **使用者**：建议大型企业及主要客户要有很懂行业专有技术的专业人员负责管理。根据我的经验，一个人最多分配25家主要客户，一方面掌握最终端客户的需求，一方面取得与商用经销商谈判的筹码，而个人及中小企业，可交给家用经销商及一般商用经销商来看管。

陈老师即战心法补帖 ▶▶

关于渠道策略有两个观点供参考：

➲搭配产品生命周期

导入期：寻找利基渠道。因为导入期正在寻找利基市场，所以当然是配合利基渠道。

成长期：大量扩充渠道。成长期也就是极大化市场占有率，所以要放大渠道，尽量铺货。

成熟期：部署多元渠道。因为创新动作就是在寻找新市场，所以渠道可以变得多元，例如多功能事务机及复合机就可以去洽谈OA办公家具渠道，才能触及取代旧有传真机或复印机市场。

衰退期：固定既有渠道，保持关系，安全收尾即可。

⇨企业内部的渠道

曾经有家银行问我："我们既没代理商，又没经销商，请问我们的渠道在哪里？"

我的回答是："公司内部其他部门也可视为一种渠道，有的银行将分行称为渠道事业部，就可以知道内部其他部门也是一种渠道的广义概念。"

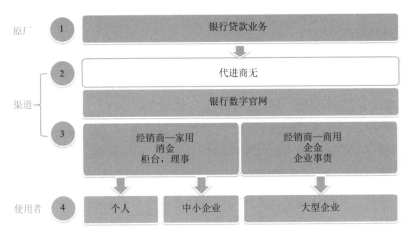

图 4 - 32 银行内部的渠道架构

银行的产品，例如贷款、理财、信用卡、数字金融等，都是一种原厂的概念。

这家银行的产品是没有代理商这一层的，所以在代理商处给予空白，而银行数字官网就是对外沟通的基本平台，其家用渠道是自家的消金（又称个金）体系，业务就是柜台人员或是理专；商用渠道则是自家的企金（又称法金）体系，业务是企金的企业专员。

再往下，消金会对应到"个人"及"中小企业"，而企金就会对应到"大型企业"。

33　促销策略

促销不要只是送赠品

工具▶▶促销活动三十招

目的▶▶通过促销活动三十招的挑选与组合，让你瞬间成为促销达人

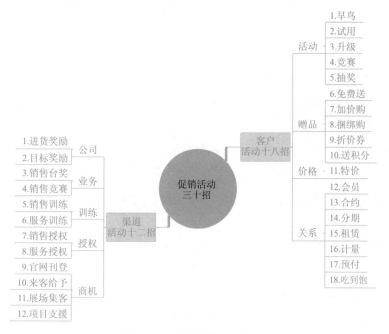

图 4-33　促销活动三十招

做促销活动的主要目的就是为了提升销量，可能是新上市产品推广，或是跟对手竞争、刺激重复购买等。

我在职场近 30 年，从一个菜鸟业务员做到外企高级主管，好像没看过有人能够很清楚地分辨企划、营销、促销、活动这四个名词。我用一张思维导图，马上让你一次搞懂！

答案是：**企划 > 营销 > 促销 > 活动**。

有些人常把促销跟活动混淆，例如买汽车送电视，严格来讲，这个叫作活动，不叫促销。**促销 = 活动 + 沟通**。

我刚接任产品经理时，整天促销活动不断，乱做一通，最常做的就是买

A 送 B，好像变不出什么花样，经过 20 多年反复磨炼，整理多年经验归纳出一套功夫秘籍——促销活动三十招。通过"促销活动三十招"的挑选与组合，让你瞬间成为促销达人。

一般来说，促销活动有客户活动及渠道活动，在此分为**客户活动十八招**及**渠道活动十二招**。每一分类，都有其适用时机与目的，当然这并不是绝对的，有时可以在另一时机使用，或合并使用，以下逐一列举说明。

一、客户活动十八招

➢ 活动式〔1—5 招〕

就是在买方购买时，卖方以活动或事件的方式进行促销。

时机：**适用于新产品导入期。**

目的：吸引第一批的首购者。

- **"早鸟"**：上市前购买有特惠或优待，让人想尝鲜而促进购买。
- **试用**：提供购买者试用或体验，让人产生信心而促进购买。
- **升级**：利用人们喜新厌旧的心理，在升级的同时，因旧产品仍具备残值而促进购买。
- **竞赛**：以竞赛方式产生话题，进而刺激购买。
- **抽奖**：以昂贵大奖产生话题，进而刺激购买。

➢ 赠品式〔6—10 招〕

就是在购买时，提供赠品或赠品的变形。

时机：**适用于产品成长期或成熟期的市场竞争。**

目的：让想购买此产品的客户，因为赠品而选择你的品牌。

- **免费送**：买 A 产品，就送 B 赠品。
  建议这个 B 赠品最好跟 A 产品有联结性，这样的活动才显得出价值，例如买健身房会员，送教练课程。
- **加价购**：买 A 产品，加多少钱就可买 B 产品。
  如果 B 产品也跟 A 产品是同一品牌，是更好的扩大销售方式。
- **捆绑购**：买 A 产品加 B 产品，就可提供捆绑特惠价。
  这个特惠价，一定要比 A 产品加 B 产品的原价便宜很多，才有吸引力。如果 B 产品也跟 A 产品是同一品牌，则是更好的扩大销售方式。
- **折价券**：买 A 产品，就送折价券。

折价券是一种赠品的变形，只是这个折价券必须伴随下一次重复购买才会生效，这是一种很好的回客手段。

- **送积分**：买 A 产品，就送积分。

  积分也是一种赠品的变形，让客户因为想累积分而持续购买你的产品，例如加油卡、航空机票、便利商店等积分活动。

> **价格式〔第 11 招〕**

就是直接降价。

时机：**适用于价格高敏感度的竞争或尾盘货处理。**

目的：在价格高敏感度竞争中生存，或出清尾盘货库存。

- **特价**：直接给客户更低的价格。

  这里要注意，一旦降价，就拉不回来，所以除非是迎接不同款的新产品上市，一般领导品牌不能随意降价。

> **关系式〔12—18 招〕**

就是跟客户建立非一次性的消费关系。

时机：**任何时机皆可适用。**

目的：在跟客户建立关系的期间，极大化客户的消费与忠诚度。

- **会员**：利用"会员"方式，进行会员独享的操作。

  这也是建立粉丝团的另类概念，有利于客户的长期经营。

- **合约**：利用"签约"方式，绑住客户的期间忠诚。

  这跟会员的操作手法类似，差异在于签约具有法律效力。

- **分期**：降低购买门槛，分期摊还，吸引财力较弱的消费者。

- **租赁**：降低购买门槛，按月缴租，有利于企业财务的操作。

- **计量**：利用"不多付"的心理，使用多少，就付多少，例如瓦斯、水电或网络流量。

- **预付**：利用"方便付"的心理，先付一笔钱，使用时直接扣款。

  这是一种很利于商家的方法，例如悠游卡或洗衣店，如果平均每个客人留下 30% 的预付金，商家便可以先拿去做财务杠杆，这跟刷卡再结算支付，是一种完全相反的概念。

- **吃到饱**：利用"任你用"的心理，只要支付一笔费用，便可以无限使用，例如 299 元新台币火锅吃到饱；也可跟合约同时使用，例如电信业的网络吃到饱。

二、渠道活动十二招

➤ **公司〔1—2 招〕**

时机：**需要渠道协助进货。**

目的：提升公司的销货营业额。

- **进货奖励**：进货到指定台数，就有奖励。

  一般指活动期间所定的目标，属于随机式活动。

- **目标奖励**：进货到目标金额，就有 X% 的奖励。

  一般指原先已订好合约的年度目标，但可以季来计算。

➤ **业务〔3—4 招〕**

时机：**需要渠道销售人员大力销货。**

目的：帮渠道去库存，以利再度进货。

- **销售台奖**：举办渠道业务个人奖励。

  一般适用在家用门店业务，因为在商用渠道较难统计。

- **销售竞赛**：举办渠道业务销售竞赛，得胜者可得到超级销售员奖杯或出国旅游。

  我当年为了 HP 夏威夷颁发的总裁质量奖，使尽全力打拼，到现在那个奖杯还摆在我家的书柜上，这种光荣感会伴随一生，是一招很有效的激励招式。

➤ **训练〔5—6 招〕**

时机：**需要渠道销售人员或服务人员具备专业能力。**

目的：提升渠道的总体战力，整个销售自然就会提升。

- **销售训练**：训练销售及成交技巧，也是一种激励。

  因为课程是要钱的，而且销售技能是渠道的生财本领。

- **服务训练**：销售前期、中期、后期的服务训练。

  有好口碑的服务，才会提升客户的满意度，进而有回购的机会产生。

➤ **授权〔7—8 招〕**

时机：**某些大客户，需要原厂提供连带的授权保证。**

目的：以授权为筹码，要求渠道提升专业或作为进货谈判。

- **销售授权**：有些很好的产品，并不是渠道想卖就有的卖，销售授权也是供应商很重要的一种筹码。

- **服务授权**：服务本身是有价的，如果可以让渠道在服务这边赚到钱，是种莫大的鼓励。

➢ 商机〔9—12招〕

时机：某些商机，需要渠道协助合作，促进销售成交。

目的：运用品牌商机的筹码，与渠道交换进货意愿。

- **官网刊登**：官网刊登某渠道的联系方式。

  这个做法等于是把生意在空中就让步给渠道了，当然要搭配进货意愿及服务能力才行。

- **来客给予**：客户打电话给原厂询问所产生的商机，也可以让步给渠道。这种方式就跟官网刊登一样，也要搭配进货意愿及服务能力才行。

- **展场集客**：遇到展览的时机，渠道摊位抢破头，是找到客户最快的方法，特别是领导品牌的摊位，当然也都要搭配进货及服务能力才行。

- **项目支援**：可以说是活动的豪华版，专用于主力客户的渠道配置上，例如某园区某科技公司要笔记本电脑1000台，要争取特殊价格及原厂授权，而这可是原厂才有的大筹码。

案例 ▶▶ 前公司的打印机事业群4P操作——促销篇

惠普激光打印机新上市，我以这台打印机上市促销活动为例，把30个促销活动走一次，提供示范参考。

➢ 示范：客户活动十八招

- **活动式**

〔**1."早鸟"**〕上市前下单，买激光打印机送碳粉匣一支。

早鸟是新机上市最常用的一种活动，可刺激客户提前消费，并制造第一波热潮。

〔**2. 试用**〕可申请试用7天，满意再购买。

试用记得要有条件，例如限量50台，或试用完要提供使用心得之类的。

〔**3. 升级**〕凭任何一款旧款激光打印机，购买新机，折2000元新台币。

这招可牢牢抓住原来同品牌的使用者。

〔**4. 竞赛**〕白纸黑字，恋恋真言，情人节征文比赛。

取前十名刊登于官网，并赠送黑白激光打印机。这招可利用竞赛，制造市场的沟通话题。

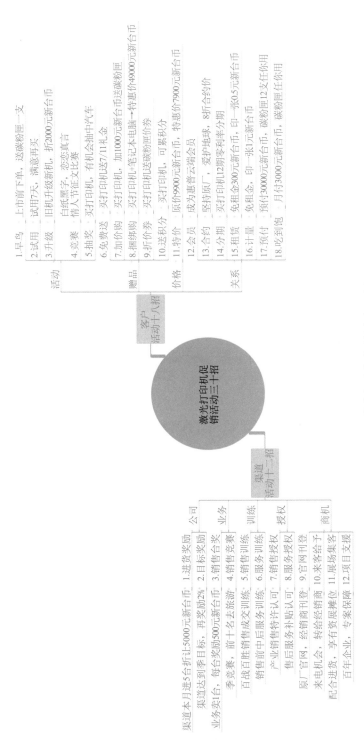

图4-34 激光打印机促销活动三十招

激光打印机促销活动三十招

客户 活动十八招

活动
1. 早鸟 ┄ 上市前下单，送碳粉匣一支
2. 试用 ┄ 试用7天，满意再买
3. 升级 ┄ 旧机升级新机，折2000元新台币
4. 竞赛 ┄ 白纸黑字，恋恋真言 情人节征文比赛
5. 抽奖 ┄ 买打印机，有机会抽中汽车
6. 免费送 ┄ 买打印机送7/11礼金
7. 加价购 ┄ 买打印机，加1000元新台币送碳粉匣
8. 捆绑购 ┄ 买打印机+笔记本电脑→特惠价49000元新台币
9. 折价券 ┄ 买打印机，送碳粉匣特价券

赠品
10. 送积分 ┄ 买打印机，可累积分
11. 特价 ┄ 原价9900元新台币，特惠价7900元新台币

价格
12. 会员 ┄ 成为惠普云端会员
13. 合约 ┄ 坚持原厂，爱护地球，8折合约价
14. 分期 ┄ 买打印机12期零利率分期
15. 租赁 ┄ 免租金300元新台币，印一张0.5元新台币
16. 计量 ┄ 免租金，印一张1元新台币
17. 预付 ┄ 预付30000元新台币，碳粉匣12支任你用

关系
18. 吃到饱 ┄ 月付3000元新台币，碳粉匣任你用

渠道 活动十二招

公司
1. 进货奖励 ┄ 渠道本月进5台折让5000元新台币
2. 目标奖励 ┄ 渠道达到季目标，再奖励2%

业务
3. 销售台奖 ┄ 业务卖1台，每台奖励500元新台币
4. 销售竞赛 ┄ 季竞赛，前十名去旅游

训练
5. 销售训练 ┄ 百战百胜销售成交训练
6. 服务训练 ┄ 销售前中后服务训练

授权
7. 销售授权 ┄ 产业销售特许认可
8. 服务授权 ┄ 售后服务补贴认可

商机
9. 官网刊登 ┄ 原厂官网，经销商刊登
10. 来客给予 ┄ 来电机会，转给经销商
11. 展场集客 ┄ 配合进货，享有资展摊位
12. 项目支援 ┄ 百年企业，专案保障

〔**5. 抽奖**〕买激光打印机，有机会抽中汽车。

这招除了利用客户的投机心理，也可制造话题，有利于市场的沟通。

● **赠品式**

〔**6. 免费送**〕买激光打印机，送 7/11 礼金 1000 元新台币。

"免费"是一个很强的购买心理，因此免费送是所有活动中使用率最高的。

〔**7. 加价购**〕买激光打印机，再加 1000 元新台币，可购买价值 2000 元新台币的碳粉匣。

选择碳粉匣做加价购，对打印机来说，是同一个使用系统，市场沟通较为容易。

〔**8. 捆绑购**〕买激光打印机，加笔记本电脑，原价 59000 元新台币，特惠价 49000 元新台币。

跟加价购相比，一般捆绑购的购买金额较大，所以捆绑的产品必须是客户需求度很高的，如本活动的笔记本电脑和打印机，就是很适合捆绑购的经典活动案例。

〔**9. 折价券**〕买激光打印机，送碳粉匣折价券 2000 元新台币。

折价券很适合运用在后续耗材的连接销售。

〔**10. 送积分**〕买激光打印机，送 2000 积分，可上网换取赠品。

送积分与折价券最大的不同，就是积分可用在客户长期忠诚度的培养；最大特色是让同品牌的产品都适用，把它拉到品牌忠诚度的统一操作。

● **价格式**

〔**11. 特价**〕买激光打印机，原价 9900 元新台币，特惠价 7900 元新台币。

如果是高度竞争或是杀尾盘，就可以降价。而若属于尾盘处理，也可配合某一家渠道独自吃下尾盘货，把这个降价信息极小化在某个范围，以免新机价格拉不上来。

● **关系式**

〔**12. 会员**〕买激光打印机，就可成为惠普公司的云端会员，免费下载 1000 个文件套印表格。

加入会员的好处是能获得某种非会员无法得到的"加值"，让这个会员关系更加巩固。

〔**13. 合约**〕坚持原厂，爱护地球，只要签约使用原厂碳粉匣，享有原厂碳粉匣八折的合约价。

这招可牢牢地绑住后续原厂耗材的使用忠诚度。

〔**14. 分期**〕买激光打印机，享有 12 期零利率分期。

这招对经济状况不好的个人用户很有效。

〔**15. 租赁**〕月租 300 元新台币，印一张只要 0.5 元新台币。

这招适合于一般的中小企业用户。

〔**16. 计量**〕免租金，印一张只要 1 元新台币。

计量使用很适合打印量高低起伏很大的企业用户。

〔**17. 预付**〕预付 30000 元新台币，激光打印机免费，最多可使用碳粉匣 12 支。

这招适合怕麻烦，想一次付清的企业用户。

〔**18. 吃到饱**〕月付 3000 元新台币，碳粉匣任你用。

这招适合于大打印量的企业用户。

➢ **示范：渠道活动十二招**

● 公司

〔**1. 进货奖励**〕渠道本月进货 5 台，折让 5000 元新台币。

〔**2. 目标奖励**〕渠道达到季目标，奖励折让 2%。

● 业务

〔**3. 销售台奖**〕门店业务每卖 1 台，每台奖 500 元新台币。

〔**4. 销售竞赛**〕季竞赛，销售业绩前十名，去旅游。

● 训练

〔**5. 销售训练**〕主力渠道的业务人员，须参加百战百胜销售成交训练，并考试合格。

〔**6. 服务训练**〕主力渠道的服务人员，须参加销售前中后服务训练，并考试合格。

● 授权

〔**7. 销售授权**〕某些特定激光打印机，特许地区的特定渠道销售。

〔**8. 服务授权**〕某些特定激光打印机，保修期内的售后服务，特许特定渠道具备服务授权，并按件取得原厂的补贴。

● 商机

〔**9. 官网刊登**〕达成本季目标的渠道，享有官网的渠道刊登。

〔**10. 来客给予**〕达成本季目标的渠道，享有来电机会的给予。

〔**11. 展场集客**〕愿意配合活动进货，加派人力，具备展场销售能力合格者，将享有资展摊位销售的权益。

〔**12. 项目支援**〕愿意配合进货，且具备大型企业的销售及整合能力者，将享有百大企业项目支援的权益。

陈老师即战心法补帖▶▶

关于促销活动有四个观点提供参考：

⇨ **活动盲点**

我举个自己的失败案例，提醒大家做活动时千万不能犯类似的错误。

有一次，原本活动是买激光打印机送一支碳粉匣，但因为预算不够，就送 1000 元新台币碳粉匣折价券，心想让客户加个 1000 元新台币，才能享有原价 2000 元新台币的碳粉匣。

后来又灵机一动，干脆把 1000 元新台币分成 10 张，一张只能用在一支碳粉匣，换算等于抵 100 元新台币，又规定一年内要用完，这样就可以帮公司带来 10 支碳粉匣的商机，这不是很好的促销活动吗……结果我被消费者及渠道投诉。

这个促销活动，我自作聪明，犯了几个大错：

● **反馈过于吝啬**

一台机器 9900 元新台币，一支碳粉匣 2000 元新台币，结果一支碳粉匣只折让 100 元新台币，反馈占售价不足 1%，一般要超过 5% 以上，促销活动才有效。

● **不知道使用量**

活动载明折价券一年有效，但是碳粉匣一支会用半年，所以一年只会用到两张，这不是摆明欺骗消费者吗？

● **使用流程烦琐**

必须上网申请折价券，填序号、填申请表、附上个资，寄到指定单位，之后还要拿着折价券到指定门店去买才有效。重点是该门店本来碳粉匣就有在做促销，所以那张折价券也不管用，因为直接折价还比 100 元新台币多很多。

⊃活动止损点

不管做任何促销活动，务必要有三个止损点设计：

（1）限量：万一活动一发不可收拾，可止损在限量的预先说明。

例如→赠品有限，只限前1000名享有。（可带动限量抢购）

（2）限时：万一活动一发不可收拾，可止损在限时的预先说明。

例如→活动期间，即日起至××年×月×日。（可带动限时抢购）

（3）更改：万一活动一发不可收拾，可止损在更改的预先说明。

例如→活动期间，本公司具有更改活动内容的权利。

⊃活动统整表

既然有了渠道活动、客户活动，那我们是否可以用一张统整表简单清楚地呈现出来？

下面这张表单，是我在前公司建立的活动统整表，产品经理看横的，销售经理（含渠道与客户）看竖的，一目了然，妙用无穷。

表4-8　活动统整表

产品线	渠道				客户			
	门店	一般	加值	系统	个人家用	中小企业	大型企业	政府部门
黑白激光打印机	销售台奖				季节促销（赠送碳粉匣）			政府部门特惠价（限入围打印机品种）
彩色激光打印机			进货回馈（限高级）		喷墨升级彩色激光（赠送折价券）		VIP客户（赠送彩色控管）	
多功能激光打印机					传真机升级多功能（赠送折价券）			
数码复合机			销售竞赛出国旅游				企业试用（"早鸟"优惠）	

⊃4P统整表

进行到这里，除了市场沟通，整个4P已经介绍完毕。下面这张是"4P统整表"，供大家进一步复习与整合。

表 4 - 9　4P 统整表

产品周期	导入期	成长期	成熟期	衰退期
客户比例	2.5%	13.5%	68%	16%
客户类型	创新者	早期者	大众者	落后者
产品策略	认知	偏好	忠诚/创新	关系
价格策略	价值	成本	竞争	停损
渠道策略	利基	扩充	多元	固定
促销策略	客户	客户/渠道	渠道	停止

　　特别一提的是，有关促销活动的部分，搭配产品生命周期，各阶段操作重点不同。

　　导入期：以客户活动为主。

　　成长期：可同时使用客户活动及渠道活动。

　　成熟期：主要是渠道活动。

　　衰退期：这时就不要再做活动了。

　　当然随着实际情况的发生，会需要因时制宜去应对，但记得**产品强度才是真正的源头**，因为促销并不是销售的万灵丹，甚至会搅乱整个市场的自然交易机制。

34 沟通策略

年轻人知道大同电锅吗

工具▶▶市场沟通十八招

目的▶▶通过市场沟通十八招的挑选与组合，让你成为市场沟通达人

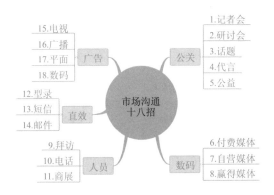

图4-35　市场沟通十八招

市场沟通，是指向目标客户群"传递信息"，而信息可分为"感性诉求"与"理性诉求"。

- **感性诉求**：说明产品如何满足客户心理层面的价值观，目的在于引起顾客情感的共鸣。一般品牌广告可用感性诉求。
- **理性诉求**：强调产品的功能，如何能帮客户解决问题。一般产品广告可用理性诉求。

这里所讲的市场沟通，跟STP矩阵中的市场定位有很严密的联结关系。

所有的市场沟通都要紧紧抓住产品的市场定位。例如我的教学定位是整合、高效、实战，那么我所有的沟通都离不开这三个定位诉求。因此，产品定位决定之后，接下来就是要设计市场沟通管道之组合，使用的工具是"市场沟通十八招"。

市场沟通十八招，可归纳分为**公关**、**数码**、**人员**、**直效**、**广告**五种通道，以下分类展开介绍：

➢ **公关**

公共关系通常简称公关或PR，是指将重要信息借着对外传播，促进公众

对发送者的认识，进而树立良好形象，取得公众的支持，形式有记者会、研讨会、话题、代言、公益五种。

〔市场沟通 1→5 招〕

- **记者会**：针对特定主题，邀请记者以新闻稿形式统一发布。
- **研讨会**：针对特定主题，邀请主题相关人物来参加，分为商业性和学术性两种。
- **话题**：制造相关话题，让整个讨论聚焦，进而提高曝光率。
- **代言**：品牌由具知名度的人代言，让公众对品牌产生美好印象。
- **公益**：企业通过增进社会福祉，间接达成商业宣传付出的行动。

➢ **数码**

就是通过数码网络传播的相关媒体，形式有付费媒体、自营媒体和赢得媒体（口碑营销）三种。

〔市场沟通 6→8 招〕

- **付费媒体**：通过付费来增加曝光及导流的数码媒体，例如 Facebook、Google、LinkedIn，都有很完整的广告投放机制，能有效及直接提高流量与精准度。
- **自营媒体**：可以自行管理，以自我品牌出现的网络平台，例如官方网站、官网博客、官网粉丝团等。
- **赢得媒体**：以植入、分享、转载、回应，如病毒式传播的平台，例如 FB、PTT、Mobile 01、YouTube 等讨论区所看到的自发性或置入性讨论。

➢ **人员**

就是以人对人的方式来推广，形式有拜访、电话、商展三种。

〔市场沟通 9→11 招〕

- **拜访**：以见面的方式推广。
- **电话**：以电话的方式推广。
- **商展**：以商展的方式推广。

➢ **直效**

就是直效关系营销。

广义的直效，包含人员营销、电话营销、电视购物或电子商务。此处的直效，指的是针对数据库或门店的客人，邮寄或当面提供产品目录及商品解说等资料信息的沟通方式，形式有型录、短信、邮件三种。

〔市场沟通 12→14 招〕

- **型录**：以型录文件的方式传递信息。
- **短信**：以手机短信的方式传递信息。
- **邮件**：以电子邮件的方式传递信息。

➤ **广告**

广告是为了某种特定目的，通过某种形式的媒体，公开而广泛地向公众传递信息的沟通方式，形式有电视、广播、平面、数码四种。

〔市场沟通 15→18 招〕

- **电视**：购买电视广告，以电视播出方式传递信息。
- **广播**：购买广播广告，以广播播出方式传递信息。
- **平面**：购买室内或室外的平面广告，以刊登方式传递信息。
- **数码**：购买数码广告（付费广告），也就是数码的付费媒体。

案例 ▶▶ 前公司打印机事业群的沟通策略

如下图，HP 激光打印机新上市，我们同样以这台打印机上市促销活动为例，把 18 种市场沟通方式走一遍，提供示范参考。

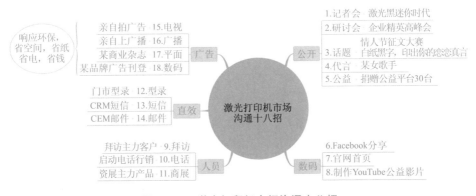

图 4-36　激光打印机市场沟通十八招

- **公关**

〔市场沟通 1→5 示范〕

　　√ **记者会**：召开"激光黑迷你时代来临"记者会。

　　√ **研讨会**：邀请百家 A 级主力客户参加企业精英高峰会。

　　✓ **话题**：情人节征文大赛——白纸黑字印出你的恋恋真言。

　　✓ **代言**：邀请某位女歌手代言并推广情人节征文大赛。

　　✓ **公益**：捐赠公益平台 30 台打印机，并到贫困地区学校免费指导小孩用思维导图创意思考。

- **数码**

〔市场沟通 6→8 示范〕

　　✓ **付费媒体**：购买 Facebook 广告，宣传情人节征文大赛。

　　✓ **自营媒体**：将新品置于官网首页，强力曝光早鸟活动。

　　✓ **赢得媒体**：制作环保公益影片放在 YouTube。

- **人员**

〔市场沟通 9→11 示范〕

　　✓ **拜访**：拜访 100 家 A 级主力客户。

　　✓ **电话**：启动电话营销给 1000 家 B 级客户。

　　✓ **商展**：参加信息展，主推新品及相关产品。

- **直效**

〔市场沟通 12→14 示范〕

　　✓ **型录**：制作型录及相关布置道具，于各大主力门市摆放，并请工读生定时查访曝光情况。

　　✓ **短信**：针对公司即客户管理系统的客户，以手机发送短信，传递惠普新品上市及早鸟促销信息。

　　✓ **邮件**：针对 CRM 的客户，除了短信通知之外，也可通过电子邮件（或寄发电子报），传递惠普新品上市及"早鸟"促销信息。

- **广告**

〔市场沟通 15→18 示范〕

定位主打"响应环保，省空间、省纸、省电、省钱"。

　　✓ **电视**：以办公室为故事背景，由我跟同事自拍电视广告。

　　✓ **广播**：安排主要广播电台对我做专访，并巧妙地植入新机上市信息。

　　✓ **平面**：在某商业杂志刊登新机上市与促销广告。

　　✓ **数码**：此处与付费媒体是一样的东西，购买 Facebook 广告投放，以情人节征文大赛作为社群分享的话题。

陈老师即战心法补帖▶▶

关于市场沟通有两个重点提示：

➲**组合性**

所谓的组合性，是指对目标客户，该用什么样的沟通方式组合，才会产生沟通效果。

例如：如果产品是以工程师为目标客户，你就要去调查他"出没"的时间及地点，可以说是一个顾客旅程地图中的接触点概念。

假设他的生活是搭乘高铁通勤、会听某些电台、会看某些杂志、会上某些网站、会参加某些社群，你的沟通工具就要瞄准目标客户日常出没的地方及时段，做相对的投放，这跟现在公众人物也当起网红直播是同一个道理，因为网络已经取代了电视与平面媒体，成为传播的主流工具。

➲**持续性**

以前，无人不知大同电饭锅，但现在的年轻人有几个知道大同电饭锅呢？

一个品牌如果要保持知名度，必须持续与市场沟通，随时面对新的客户、新的媒体、新的话题，用有效且持续性的沟通方式，才会产生稳定的销售业绩。

35　数码策略

未来就是云端、社群、行动、大数据

工具▶▶RACE 4 流程

目的▶▶学会数码电子商务运作流程，放大导流与促进导购，极大化电子商务的绩效

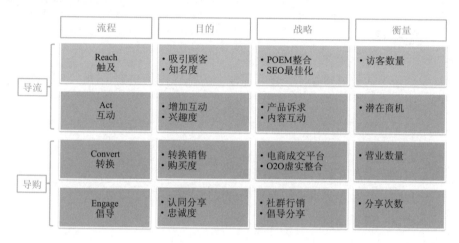

流程	目的	战略	衡量
导流 Reach 触及	· 吸引顾客 · 知名度	· POEM整合 · SEO最佳化	· 访客数量
	Act 互动	· 增加互动 · 兴趣度	· 产品诉求 · 内容互动	· 潜在商机
导购 Convert 转换	· 转换销售 · 购买度	· 电商成交平台 · O2O虚实整合	· 营业数量
	Engage 倡导	· 认同分享 · 忠诚度	· 社群行销 · 倡导分享	· 分享次数

图4-37　RACE 4 流程

在开始谈 RACE 4 流程之前，先来了解最近很流行的营销4.0。到底什么是营销4.0？简单说明如下：

- 营销1.0：以产品为导向，谈的是大众营销。
- 营销2.0：以客户为导向，谈的是区隔营销。
- 营销3.0：以价值为导向，谈的是多对多的协同合作。
- 营销4.0：**以数码为导向，谈的是虚实整合客户体验**。

关于数码营销，是一个很年轻化的新话题，我也曾经担心，是否过去所学的古典营销会被推翻？后来多方请教前辈及汇整各种知识，我个人的看法是：营销的总体架构没有改变，仍然要看客户分析、竞争比较、公司定位，要有市场区隔，要做传统4P（产品、价格、渠道、促销），当然也还有市场沟通。其中最主要的变化，是因为网络及移动设备的大量进化，让整个营销企划加入了新的数码操作元素。

简单来说，**整个营销视角，已由供应商的角度转换成顾客角度；洞察市场的范畴，也从大群体转为小族群甚至个体。**

在数码世界里，最常被关注的数码技术就是电子商务，而从事电子商务要有导流及导购的观念，接下来介绍的工具——"RACE 4 流程"，指的就是触及、互动、转换、倡导，其中的触及和互动，属于"导流"，而转换和倡导，属于"导购"，以下逐一说明。

一、导流

➤ 触及（R）

- 目的：吸引顾客，提升**知名度**。
- 战略：通过付费媒体、自营媒体、赢得媒体的整合运用，建立多重接触点。
- 衡量：访客数量。

➤ 互动（A）

- 目的：增加互动，提高**兴趣度**。
- 战略：通过产品诉求，并以内容来增加互动。
- 衡量：潜在商机。

二、导购

➤ 转换（C）

- 目的：转换成销售额，产生**购买度**。
- 战略：架设电子商务成交平台，设计 O2O 在线下虚实整合与全面体验。
- 衡量：营业数量。

➤ 倡导（E）

- 目的：让使用者认同并进一步分享，呈现**忠诚度**。
- 战略：在社群营销创造话题，或让使用者帮你引导销售。
- 衡量：参与及分享次数。

案例 ▶▶ 激光打印机的 RACE 4 流程

如，我用打印机做一个 RACE 4 流程的模拟，衡量部分纯属虚构，以帮助读者理解。

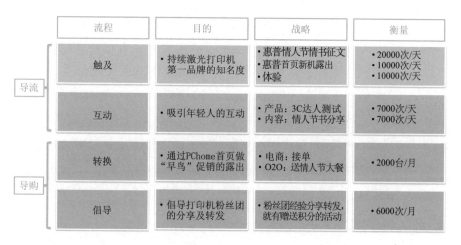

图 4-38 激光打印机的 RACE 4 流程

- **触及**

目的：持续激光打印机第一品牌的知名度。

战略/衡量：举办情人节征文大赛，官网公布新款激光打印机，发布打印机使用体验。（以下数字是本活动触及的基本概算）

　　√ P：情人节情书征文（20000 次/天）

　　√ O：某官网首页新机露出（10000 次/天）

　　√ E：Mobile 01 使用体验（10000 次/天）

- **互动**

目的：吸引年轻人的互动。

战略/衡量：发业配，公布情人节征文大赛获选情书，请 3C 达人实际测试及分享使用经验。

　　√ 产品：3C 达人测试报道（7000 次/天）

　　　　请达人做测试业配文，是 3C 产品一个很好的切入点。

　　√ 内容：情人节情书分享（7000 次/天）

　　　　情书征文这个主题，可以让生硬的打印机有讨论话题，很适合在市场沟通及数码话题中重复联结与曝光。

- **转换**

目的：通过 PChome 首页做"早鸟"促销的显示。

战略/衡量：PChome 首卖接单，上市首月买新机送情人餐。

　　√ 电商：PChome 是 3C 数码导购的首选平台，所以让 PChome 首卖接单是最直接而有效的方法。

√ O2O：新机上市一个月期间购买黑迷你激光打印机（在线），就送情人节大餐（线下）。以此跟情书征文这个主议题做联结，并用限量刺激抢购。（2000 台/月）

● 倡导

目的：倡导打印机粉丝团的分享及转发。

战略、衡量：打印机粉丝团的使用经验分享及转发，是官方粉丝团的一个重大机制，可搭配赠送积分的激励，产生更高的分享意愿。（600 次/月）

陈老师即战心法补帖▶▶

⊃ 面对新时代的变革

陈老师同时代的上班族，都是由传呼机开始，从没有手机的年代打拼过来。如今面临移动时代的消费变革，必须要能够马上与时俱进，才能跟得上时代的脚步。

在这个新的年代，每一个人或每一个企业，都有可能在短时间火起来，当然也可能在短时间消失。

你所面对的对手，也不再是同一个领域的对手，例如：

银行的对手，可能是电子商务的支付宝；

保险的对手，可能是 AI 机器人。

⊃ 勇敢迎战数码风云

重点在于，你准备好了吗？

熟悉正在火红的数码战场上的格斗技巧吗？

与其逃避，还不如勇敢地面对这一波冲击及实施经营变革！

那么该如何踏进数码营销的知识领域呢？

数码营销服务对象最终是人。

多接触不同人群，扩展人脉，时常更新脸书状态，在 Google 及 YouTube 上多追踪意见领袖，多发表自己的看法，多与他人互动，或多上课，多参与座谈会，多认识数码相关产业的朋友，了解广告产业分成哪些客户，以及相关的数码营运模式……

以上这些都是进入数码领域的敲门砖，这样的信息，在未来数码领域上，一定也会带来帮助。

36　企划整合——创新式企划五大流程

照着流程走，你就变高手

案例 ▶▶陈老师的自我营销企划

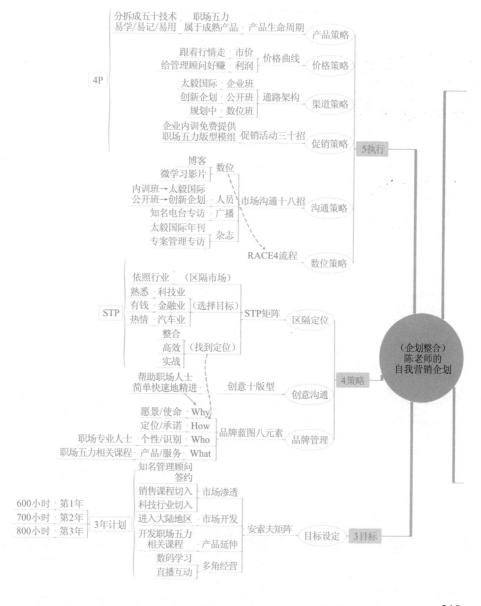

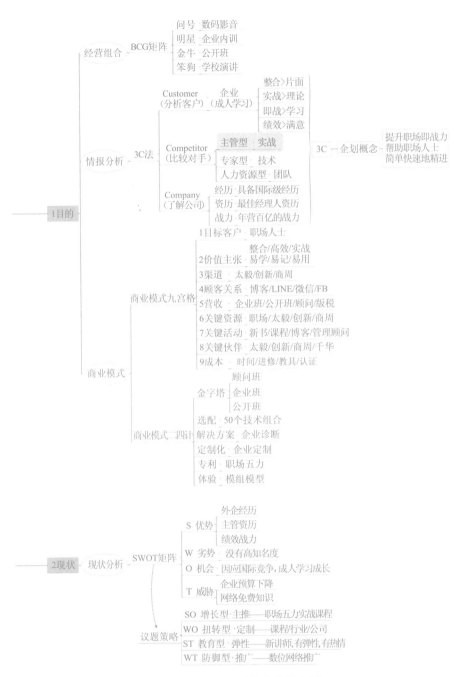

图4-39 陈老师的自我营销企划

这张跨页企划整合思维导图，蓝色部分就是案例内容。陈老师本身是个商品，当然也需要做营销企划。所以下面就用陈老师的自我营销企划为例，将整个"创新式企划五大流程"走一遍！

一、目的

➢ 经营组合——BCG 矩阵

- **问号**：在线课程市场正在大幅成长，但目前没涉及，要随时准备进场暖身。

- **明星**：企业内训，市场持续成长中，与国内最大的太毅国际管理顾问公司合作就对了。

- **金牛**：公开班，招生做得不错，且不用提供太多定制服务，只需标准化教案即可，可稳定获利。但因公开班招生不易，要投入很多精力，保持曝光及提高知名度才行。

- **笨狗**：学校演讲，市场萎缩，也没利润，我也不是这方面专家，这类案子大都推掉了。

➢ 情报分析——3C 法

- **分析客户**：成人学习的需求是：要整合不要片面，要实战多于理论，要即战取代学习，要绩效而不只是课堂满意。

- **比较对手**：目前企业讲师分三类：
  - √ 主管型：重视实战。（我属于这一型）
  - √ 专家型：重视技术。
  - √ 人力资源型：重视团队。

- **了解公司**：这里的"公司"，对我来说就是自己，而我的优势有以下三点：
  - √ 具备国际级外商的团队管理经历。
  - √ 有获选最佳经理人高级主管的资历。
  - √ 在前公司有过年创百亿元销售额的实战力。

➲综合 3C 分析，找出自己的企划概念，就能提升职场即战力，帮助职场人士简单快速地精进！

➢ **商业模式**

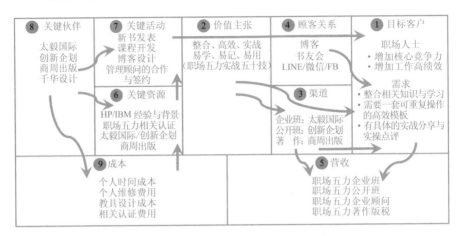

图 4-40 商业模式九宫格

图 4-40 是我的商业模式九宫格，再参照商业模式二十四计，挑选出 6 个最适合自己的策略：

〔**金字塔**〕依消费客户收入、偏好不同，建立对应的金字塔式产品组合：平价公开班、企业班（内训班、定制班）及顾问班。

〔**选配**〕职场五力共 50 个技术，可依照企业选配组合，大大提高客户需求的准确度。

〔**解决方案**〕诊断企业，提出解决方案。

〔**定制化**〕可针对企业做属于该公司的定制。

〔**专利**〕针对"职场五力实战五十技"申请专利。

〔**体验**〕提供免费模块模型，让使用者深度体会，并且发挥即战功效。

二、现状

➢ **现状分析——SWOT 矩阵**

● **S 优势**：外企经历，主管资历，绩效战力。

● **W 劣势**：因为刚出道，没有高知名度。

● **O 机会**：因应国际竞争，成人学习市场成长。

● **T 威胁**：企业预算下降，网络免费知识很多。

➢ **议题策略**

● **SO 增长型**：自己优势（S）＋市场机会（O）

222

主推→职场五力实战课程，协助学员即学即用。

- **WO 扭转型**：自己劣势（W）+市场机会（O）

  定制→依课程、行业、公司客制，满足客户的需求。

- **ST 教育型**：自己优势（S）+市场威胁（T）

  弹性→新讲师，最有弹性，最有热情。

- **WT 防御型**：自己劣势（W）+市场威胁（T）

  推广→运用网络媒体推广自己。

三、目标

➤ 目标设定——安索夫矩阵

- **市场渗透**

  跟国内知名管理顾问公司签约，以快速切入企业内部培训。

  以销售课程迅速切入，因是自己累积多年经验的专业领域。

  以科技行业迅速切入，因是自己常年经营且熟悉的行业。

- **市场开发**

  站稳中国台湾地区市场之后，再进入中国大陆市场。

- **产品延伸**

  以五力为圆心来轴转，逐步开发职场五力相关课程。

- **多角经营**

  开始暖身数码学习市场，并有计划地在中国大陆测试直播互动课程。

- ⮑ 3 年计划：第 1 年 600 小时→第 2 年 700 小时→第 3 年 800 小时。

四、策略

➤ 区隔定位——STP 矩阵

- **区隔市场**

  既然是企业内训，当然是依照行业来区隔最适合。

- **选择目标**

  切出行业后，先找自己有把握的行业开始经营。

  √ 科技业：自己熟悉的行业，语言会比较顺畅。

  √ 金融业：有钱的企业更有内训机会。

  √ 汽车业：自己爱买车，对车有热情，也比较懂。

- **找到定位**
  - √ 整合：用思维导图，将职场五力完全整合。
  - √ 高效：用高效模块，让读者学员轻易学会。
  - √ 实战：用职场经验，与读者学员分享互动。

➢ **创意沟通——创意模型**

找出最核心的一句话——"帮助职场人士简单快速地精进！"

➢ **品牌管理——品牌蓝图八元素**

- **Why 愿景/使命**："帮助职场人士简单快速地精进！"
  跟创意一样，在思维导图这两处直接画上关连线。
- **How 定位/承诺**：跟 STP 矩阵的定位一样，讲的是"整合、高效、实战"，也在思维导图这两处直接画上关连线。
- **Who 个性/识别**：我的目标客户群——职场专业人士。
- **What 产品/服务**：职场五力的相关课程，可由"职场五力实战五十技"任意组合定制。

➾在真正进行品牌管理实战时，不一定要将愿景、使命、定位、承诺、个性、识别、产品、服务全部切开对应，只用 Why、How、Who、What 一样可以表述。

五、执行

➢ **产品策略**

在产品生命周期中，我的职场五力——思考力、沟通力、销售力、企划力、领导力——属于企业内训的成熟产品，竞争者很多，必须走创新整合路线，所以我将职场五力分拆成 50 个核心技术，企业学员易学、易记、易用，并协助企业导入，产生业绩。

➢ **价格策略**
  - √ 市价：跟着一般讲师的费用行情即可。
  - √ 利润：提供管理顾问公司好利润，以利于迅速切入讲师市场。

➢ **渠道策略**
  - √ 企业班：与太毅国际签约，主攻企业内训，增强实力。
  - √ 公开班：与创新企划签约，主攻公开班，增加名气。
  - √ 数码班：规划中，以便搭上数码时代的风潮。

> **促销策略**

　　∨ 活动：企业内训课程免费提供职场五力实战五十技模型。

> **沟通策略**

● **数码**：成立陈老师博客，与太毅国际自制职场五力微学习影片，并放置于 YouTube 分享。

● **人员**：由太毅国际业务人员负责与企业接洽内训课程；另由创新企划业务人员负责安排公开班课程招生。

● **广播**：安排知名电台主题专访。

● **杂志**：成为太毅国际年刊主推品牌课程，安排项目管理杂志主题专访。

> **数码策略**

连接沟通策略中的数码管道（博客、微学习影片）进行导流，但导购仍由业务人员来执行。

陈老师即战心法补帖▶▶

学习创新式企划五大流程，要注意每一个流程的主要产出，以及流程之间的元素连接。

以下将主要产出再复习一遍：

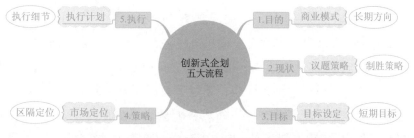

图 4 −41　创新式企划五大流程

目的：主要产出为"商业模式"，是企划的"长期方向"。

现状：主要产出为"议题策略"，是企划的"制胜策略"。

目标：主要产出为"目标设定"，是企划的"短期目标"。

策略：主要产出为"市场定位"，是企划的"区隔定位"。

执行：主要产出为"执行计划"，是企划的"执行细节"。

【企划力实效见证】

增强竞争优势，扩大社会价值

2017 年 10 月，第一次邀请陈老师到公司开课，并接触到老师第一本书《职场五力成功方程式》，深感"相见恨晚"，当下就认同这本好书。接续又请老师对业务及营销部门主讲系列课程，每堂课我都全程参与学习，并从课堂中的领悟，重新架构描绘出"以人为本"的天义商业模式及本质型思维导图，结合同事的企划力整合流程、沟通力模型的导入和运用，明显强化天义商业模式的良性循环，持续增强市场竞争优势。

陈老师新书《一学就会的思维导图工作法》，内容精实易懂，职场的每个人，无论资浅资深、外勤内勤、职位高低，都能随手阅读，必能扩大人生和工作价值的创造与撷取。

——某公司　董事长暨执行长

邱谢俊

一辈子的良师益友

陈国钦是我在惠普工作时，亦师亦友的同事与主管，我们共事了 15 年，患难与共，所以让我来描述他，应该是最为恰当不过了。

在那段黄金岁月里，国钦是个模块流程控，他可以将代理商的进销存写成一个 Excel 超级管理大表，二十几个表格之间相互联动，如同经营一家企业一般；而且还帮公司写过销售大表、企划大表、领导大表。跟国钦工作，只要跟着他的流程走，就万无一失，所以我们俩联手创下了惠普的营业高峰，并且在 HP 亚太区表现屡创新高，他也因此得到惠普亚太最佳经理人殊荣。

我个人应该是在国钦身边耳濡目染，受益良多的人之一，尤其是他的创新式企划流程，让我在惠普的产品经营中，持续达到不同的境界。而且这个创新式企划概念，也为我在非营利机构的企划案撰写带来莫大帮助。甚至我现在转岗当 HR 主管后，依然能在 HR 项目管理中迅速上手，很多研华高级主管都不相信我以前没有做过 HR 的相关工作，其实这背后的秘密，就在于吸收了国钦所创下的职场模块流程内涵。

国钦经过这几年的讲师精进，相信他的实力已不可同日而语，如果各位读者能好好地把这本书融会贯通，你将成为职场的常胜军。加油！

——某公司　人力资源处经理

吴守仁

有梦想，才能真正地活着

记得上陈老师的课程，是在前公司担任某银行投信的企划经理。上课当天，我坐出租车赶去总部的训练教室，只见同电梯有一个专业儒雅、气质非凡的人，我在想是不是金控又来了个高级主管，结果发现他跟我走进同一间教室，原来是一起上课的学员，但后来看他一直往前走……啊！原来他是老师。

广告公司的总监对我说，她听过这位老师的公开班，这位老师的课程很精彩。虽然我前一天加班，只睡三个小时，但很奇怪，那天上课一点也不觉得累。果不其然，他把我多年来听到的营销术语及工具全部整合起来。在上课之前，我知道有 BCG、SWOT、3C、STP、4P，但不知道在什么时候要用哪一个，既然不清楚架构，就索性不用它了，终于在这次课上整个顺了一遍，真是畅快无比！老师还无私地分享他的思维导图企划模型给我们，最后还送我们一个大礼——梦想板，那一天真是大大地赚到了！

后来我运用老师的梦想板激励自己，考了很多张金融证照，也通过领队及导游的国考资格，并成为大学研究所的学生。他的第一本书《职场五力成功方程式》，我一直摆在书架上当我的工具书。经过了三年，相信陈老师应该更精进了，他的第二本书肯定是更值得期待，绝对是一本要好好拜读的职场"圣经"。

——某公司资产管理　稽核

陈美甄

他助力晋升考核

记得与陈老师的相遇，是在公司安排的接班人培训课程中。陈老师在课堂上教我们如何做项目简报。当时我心里想，自己做简报的频率、次数相当多，也算很有经验，并不认为这课程能给自己带来多大的收获。不过在后来上课的过程中，陈老师的教学让我大开眼界，整个想法大幅改观，才知道原来做简报可以这么简单。重点是陈老师简报中的企划灵魂！

227

　　我任职于银行业，在 2018 年的接班人培训计划中，必须针对信用卡经营策略做项目报告。初期我们团队虽在方向讨论、资料搜集及题目的确认上花费很多时间，但制作出来的简报并不如预期，因此第一次提案时遇到了挫败，即使我们知道领导反馈的口吻相当客气，但他们亦指出题目格局不足、核心问题及解决方案并不明确。当时我们所面临的状况，是需要在有限时间内重新制作一份简报。

　　我猜想，也许是公司人事部门听到了我们的心声，因此很适时地安排了在业界有丰富实战经验的陈老师来指导我们。在上完老师的项目简报与企划力课程后，我们团队就知道了问题所在，且在极短的时间内重新设计了一份具有故事张力、创新设计及说服力的项目简报，最终在总经理及一级主管的验收下顺利过关，完成考核！领导们也都给予正面肯定，并希望以后主管就是要有这样的企划简报水平。

　　我们一致认为，简报力在职场中扮演十分重要的角色。它，是看得到的竞争力！这本《一学就会的思维导图工作法》汇集了陈老师纵横职场多年的经验与教学精华，相当实用，值得推荐！各位职场朋友们，晋升主管就靠它了！

——某银行　个金投研项目组主管

何翊群

什么问题他都能解

　　在陈老师的课堂上，同学们举手提问的问题，似乎没有一个可以难倒他。他所传授的技巧，就是要先学会"思维导图"，然后发展管理的"模型"。

　　我工作的日常，就是渠道和品牌营销活动的规划与执行，此外，就是承接突发项目，每个项目时程一个比一个赶，一个比一个重要，因此常常会陷入"问题"和"解决"的漩涡。这时陈老师说："'营销'或'管理'有一个关键，就是'什么时间，做什么事'。"

　　这话听起来很简单，实际上最常发生的状况是，在错的时间（空间），用错的方法（工具）做事（营销），等于没有结果，还浪费时间和人力上的成本，就这样形成了一道隐藏的愚笨之墙和心有不甘的后悔。怎么解除这隐藏的墙和后悔呢？我想这本书应该会为读者带来解答。

　　例如老板有一天提了一个想法，要创一个品牌，做网络销售。接下来呢？

你该怎么做？找一个平台合作，投放广告，顾客就会源源不断？答案：当然不是。

首先，设定目标和达成共识，用宏观视野分析及搜集情报，以 3C 法为工具洞察商机，再投入 SWOT 产出公司方针，进而产生营销策略（STP、4P），最后从微观角度审视成效。这些都是陈老师的"绝世武功"。

陈老师的书，让你赢在思考，在对的时间程序上，用对的方法工具，帮助你拓宽思路，减少心有不甘的后悔，提高营销企划活动的创意，且具可执行性。

——网络家庭 总监

Murphy

一门听五次还想听的课程

市面上有许多教人如何撰写企划书的书籍，但很多时候我总觉得内容大同小异，而且多半因为太过理论，有种隔靴搔痒、打不中痛处的感觉。但是自从拜读了陈国钦老师的《职场五力成功方程式》一书后，我突然涌现相见恨晚的感触，因为陈老师书中的章节表单及每个案例，完美地融合理论与实务，而且倚着极富逻辑性的表单设计，以及结合思维导图的手法，引导着读者去思考企划美好的一面。

上面所列举这些，对于刚接触企划的新手来说，真是如获至宝。因为只要跟着书中的内容走一遍，很多过去思维上困顿的地方，都会茅塞顿开，而且会发现过去自以为缜密的想法，其实是破碎且没有逻辑顺序的，而这也是陈老师的书跟其他企划书籍的差异所在。

之后我甚至为了更深入了解陈老师的书籍内容，还特地去找老师进行讨教，甚至参与了老师相关的课程五次之多，而每一次上课对我都是震撼教育，每一次都觉得醍醐灌顶。

得知陈老师即将针对《职场五力成功方程式》一书进行升级，推出进阶实战版，内容将融入陈老师近年来在各行各业进行企划培训的心得，相信一定精彩万分。无论你是刚接触企划的新人，还是企划经验丰富的人，此书的出版，将会是引领你获得成功的最佳捷径！

——某公司 营销副总经理

方敬霖

第五章

领导力

教练式
领导四大支柱

经历过管理阶层的深度历练，整个职场生涯才算是真正的完整。

领导力是职场的高级核心能力，只有经历过管理阶层的深度历练，整个职业生涯才算是真正的完整。我过去授课时，尝试着问学员："该如何当一个好主管？"他们的回答大多是："带人，带心。"

我的答案跟大家一样。

所以当我升任主管时，我就很"努力"对待属下，夏天吃豆花，冬天泡温泉，鼓励拍拍肩，加油挂嘴边，但却发现属下并不怎么尊敬这样一个"好主管"。后来我终于想通了，当一个称职的主管，除了带人、带心之外，还要带脑。带脑的意思是要成为属下的教练，引导属下成长，这样才能使主管之路走得又长又远。

在进入领导技术之前，我们需要先谈谈职场的主管有哪些类型。

如图所示，共分为四种类型：

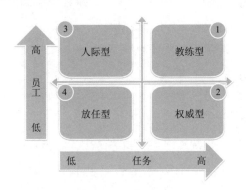

图 5 - 1 主管四类型

> **教练型**

"关心任务，关心员工"，这样的主管我们称之为教练型主管，既能将任务有效达成，又能鼓舞员工，能创造稳定而长远的绩效。

> **权威型**

"关心任务，忽视员工"，这样的主管我们称之为权威型主管，用权威的方式指示属下将任务达成，但忽视员工的感受。虽能创造短期绩效，但组织人心动荡，随时会有解散的风险。

> **人际型**

"忽视任务，关心员工"，这样的主管我们称之为人际型主管，能用同理心来对待员工，但对属下任务要求较为妥协，虽然能让团队稳定，但会让团队没有战斗力，绩效不佳。

> **放任型**

"忽视任务，忽视员工"，这样的主管我们称之为放任型主管，这类主管基本上不用讨论，应该立即撤换。

很明显，我们该往教练型主管发展。

我遇到的主管大都偏向于权威型主管，他们喜欢给予命令或指导，与员工是一种上对下的关系。而教练型主管相信每个人都有潜能来解决问题，在真心引导之下，让属下察觉到自己的盲点，进而愿意去改变思考及行为模式。

教练型主管除了要有一身武功，能部署组织，还要能引导激励属下，当然最终更要能控制团队高达标。为了要成为教练型主管，我所使用的技术，就是**教练式领导四大支柱**——计划、组织、领导、控制。计划定出目标，组织配置人力，领导作出激励，控制做到检核。

思维导图将教练式领导四大支柱完整展开，在后续技术章节中，将会有详细说明与拆解：

一、计划

▶▶计划要做好，要领又要导。领着团队，导向对的目标。

● **计划法则**：工具是"计划三元素"，由现状、对策、目标组成。

二、组织

▶▶赏罚要公平，对待要偏心。公平执行规则，偏心因材施教。

● **优化法则**：工具是"优化四矩阵"，又称 PRDI 矩阵，由晋升、保留、栽培、改善四个元素组成。

● **发展法则**：工具是"发展五过程"，分别是组建、风暴、规范、展现、休整。

三、领导

▶▶士为知己拼，只要知我心。只要主管了解、同理他，他就为你把命拼。

● **训练法则**：工具是"训练三元素"，如果以时间量区分，分别是 70%

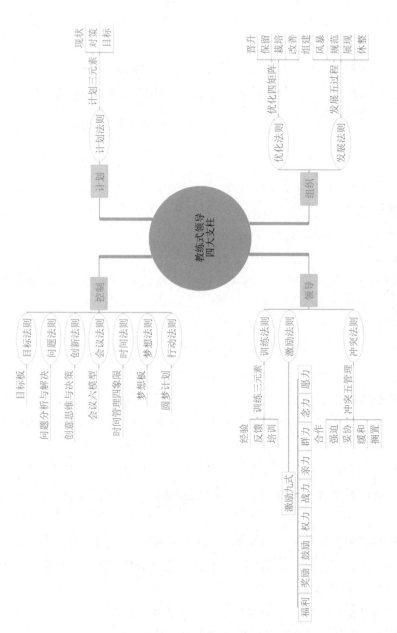

图5-2 教练式领导四大支柱

经验（在职经验）、20%反馈（教练指导）、10%培训（专业训练）。

- **激励法则**：工具是"激励九式"，激励不是只有靠职位与薪水，还有很多的方式，如福利、奖励、鼓励、权力、战力、亲力、群力、念力、愿力等。

- **冲突法则**：工具是"冲突五管理"，由于组织是由一群人组成的，所以冲突在所难免，解决冲突的方法分为5种，分别是合作、强迫、妥协、缓和、搁置。

四、控制

▶▶控制一定要，目标才会到。

- **目标法则**：工具是"目标板"，就是每个人一张"投名状"，记载着每个人需要达到的目标，并定期检查进度。

- **问题法则**：工具是"问题分析与解决"，在控制的话题中，常需要做到问题与原因分析，以及对策执行计划思考，只要一张思维导图整合，便可迅速帮你搞定。

- **创新法则**：工具是"创新思维与决策"，创新思维与问题解决最大的不同处，在于问题解决需要找出问题与原因，而创新思维只要尽情地自由设想对策即可，同样用一张思维导图整合，便可迅速帮你搞定。

- **会议法则**：工具是"会议六模型"，无效而冗长的会议是职场士气低落的一大主因，如何迅速凝聚共识，缩短会议时间，是主管很迫切需要的技术。

- **时间法则**：工具是"时间管理四象限"，职场的事情只会多不会少，学会看懂工作轻重缓急，并极大化产出，人生就已经在成功的道路上了。

- **梦想法则**：工具是"梦想板"，这是一种很有力量的激励模式，当前进动力与工作热情低落的时候，就必须启动梦想板，让你脑内分泌多巴胺，勇往直前。

- **行动法则**：工具是"圆梦计划"，它跟梦想板是一起搭配的，有梦想蓝图，也必须要有圆梦计划的行动时间表。

37　计划法则

计划要做好，要领又要导

工具▶▶计划三元素

目的▶▶帮助主管迅速做好一份领导计划

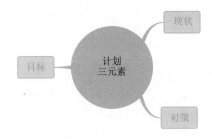

图5-3　计划三元素

计划能力是走向教练式领导的第一步。

试想，如果一个主管连计划都不太会做，那整个团队要往哪儿走？

前公司有个主管，每次开绩效会议最惯用的口头禅就是："这个客户千万不能掉，你一定要去追啊……"主管有思想和没思想，从说话的逻辑中就会马上被属下察觉，作为主管一定要特别留意这一点。

所谓"计划三元素"，就是沟通七模型中"解决型"的简单版，它能让你轻易地把计划说清楚。这三个元素组成为：

- **现状**：在哪里？

  就是对目前状况的说明，最好要有具体的数字。

- **对策**：做什么？

  就是有哪些需要做的事情，能帮你从现状走到目标。

- **目标**：去哪里？

  就是在你做好对策后，所要达到的目标，它跟现状是对应的。

案例▶▶某汽车的销售计划

图5-4这张思维导图，是我去某家汽车公司为他们营业所所长授课时所用的销售计划模型。

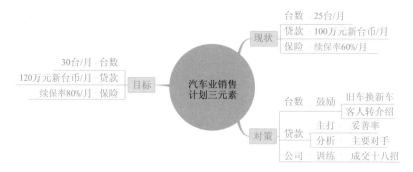

图 5 - 4   汽车业销售计划三元素

由于事先做过课前访谈，所以我连第二阶段都帮他们想好了，他们只要填蓝色字部分即可，所长们个个直呼好简单，早知道就用这个模型报告，就不会因为吞吞吐吐被老板批评了。

以下就用这张思维导图示范计划三元素的应用，简单说明某汽车营业所月销售计划：

- **现状**
  - √ 台数：达成 25 台/月。
  - √ 贷款：达成 100 万元新台币/月。
  - √ 保险：旧客户续保率 60％/月。

- **对策**
  - √ 市场：鼓励旧车换新车，鼓励客人转介绍。
  - √ 竞争：主打高妥善率，找出主要对手做竞品分析。
  - √ 公司：销售顾问须通过成交十八招的训练考核。

- **目标**
  - √ 台数：达成 30 台/月。
  - √ 贷款：达成 120 万元新台币/月。
  - √ 保险：旧客户续保率 80％/月。

目标跟现状最好是一对一，这样逻辑才能完整地连接。

陈老师即战心法补帖▶▶

⊃ 变化组合

读者可参考沟通力的混合型，从 7 个锚点（现状、问题、原因、对策、执行、目标、目的）中，计划三元素只取用了最重要的三个：现状、对策、目标。

当然读者也可从中自行取用及组合。而如果你是个企划主管，二话不说，你的计划就是企划力的创新式企划五大流程。

⊃**统一使用**

你可以这样对自己思考，或是像这样对领导报告，当然也可以用这样的方式引导属下，还可以用来做跨部门沟通。

这跟沟通力中的沟通七模型是一样的道理。

优化法则

赏罚要公平，对待要偏心

工具▶▶优化四矩阵

目的▶▶让组织人员处于最平衡的竞合状态，极大化部门绩效

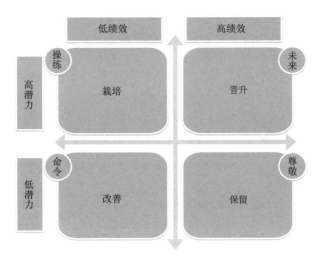

图5-5 优化四矩阵

当计划做完之后，就必须要有组织去执行。优化法则的一句口诀为何是"赏罚要公平，对待要偏心"呢？"赏罚要公平"可以理解，但"对待要偏心"又是什么呢？做主管怎能偏心呢？

这个偏心，指的是"因材施教"。

如图5-5，以绩效（指任务的达成程度）与潜力（工作的态度与能力）作为两大主轴，然后把"高、低绩效"放在横轴，"高、低潜力"放在纵轴，可划分出四群属下：1. **晋升（Promote）**；2. **保留（Retain）**；3. **栽培（Develop）**；4. **改善（Improve）**。又称为PRDI矩阵，以下逐一说明。

一、晋升

晋升指的不一定是升职，可说是一种广义的提拔，极有可能是将来的接班人。

- **状况**：高绩效＋高潜力。
- **对待**：**给予未来**。
- **操作**：授权信任，练习接班，可当小组负责人，并帮他规划未来职涯成长计划，让他有梦想。

二、保留

可能是组织中的老员工，也可能是你昔日的兄弟，能力不错，但因无法升职而态度消极，或是资深不资优，是组织中最难处理的一类人。最主要是他掌握了组织的关键资源与技术，只要他不开心，随时可能会带枪投靠敌营，给组织带来巨大的损失。

- **状况**：高绩效＋低潜力。
- **对待**：**给予尊敬**。
- **操作**：专业为上，可当新人的指导者，或可当项目的负责人。跟晋升者的小组负责人有些不同，一个是带事，一个是带人。

三、栽培

一般都是一些资历较浅的人，由于能力较弱或掌握组织的资源较少，绩效无法马上展现，就像是军中的新兵一样。

- **状况**：低绩效＋高潜力。
- **对待**：**给予操练**。
- **操作**：严格操练，提升其核心能力。指派指导者带他，训练其成为组织的未来中坚分子及组织备援机制。

四、改善

这群人，绩效不好且态度不佳，无须多言。

- **状况**：低绩效＋低潜力。
- **对待**：**给予命令**。
- **操作**：给予明确改善目标，并说明验收的时间点，主管须协助其改善工作绩效，或考虑内部其他适合的位置。

案例 ▶▶某银行的组织老化问题

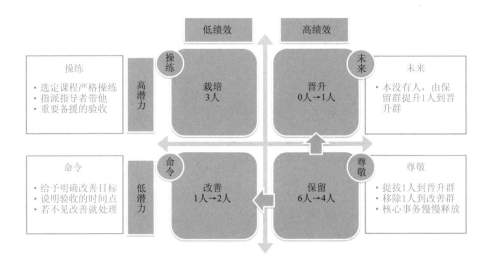

图 5 - 6　银行优化四矩阵

图 5 - 6 是我去某银行对主管授课时所用到的"优化四矩阵"。有个信息处主管跟我说，他的部门有 10 个人，老员工就占了 6 人，很伤脑筋。金融业最大的痛，就是很多老员工掌握大型主机的专业技术，但因为没有被升职，工作态度很消极，万一他们离职，公司营运可能会损失惨重。所以针对他下面的员工，我给他的建议是：

1. **放置**→先把组织中 10 个人放入优化四矩阵中。结果是保留群 6 人，栽培群 3 人，改善群 1 人。

2. **提拔**→将保留群其中一位提升到晋升群，让大家看到表现好的仍然有希望升迁。

3. **移出**→再从保留群剩下的 5 人，挑一个较弱的移去改善群，跟原来那个需要改善的人一起监督控管。

4. **备援**→加强栽培左上角区块那 3 个新人，避免组织失去备援机制。

以上操作重点，就是要好好处理保留群那 6 个人，关键在于：**妥善看管，不能让他们集结抱怨，对抗公司管理。**

陈老师即战心法补帖▶▶

关于组织的运作，可能会产生下面这些情形，大家可以一起来动动脑，先想好应对的方法，就不会慌乱。

⊃**如果组织晋升人员偏多，该怎么处理？**

状况：晋升人员偏多，基本上是好事，但太多就会互斗。

做法：**分配试题，公平比赛。**

给每人一个很明确的目标，表明会挑选一个高达标的当接班人，其他人也会有很好的安排。

⊃**如果组织保留人员偏多，该怎么处理？**

状况：这个问题在很多公司都存在，甚至有些老员工会有意无意地把新人弄走，让自己无人能取代，公司便会慢慢进入老化现象。

做法：**妥善看管，有升有降。**

这群人有集结对抗公司管理的能力，务必要谨慎处理，真心尊敬他们，做法就要有升有降。

⊃**如果组织栽培人员偏多，该怎么处理？**

状况：组织太过年轻化，战斗力不佳。

做法：**提拔其中一人到晋升群，制造激励。**

挑一个能力最强的，提拔上来，但要随时帮助他，直到他成熟为止。

⊃**如果组织改善人员偏多，该怎么处理？**

状况：组织有很多无法用的人，态度不佳，战斗力极低。

做法：**杀一儆百，出一补一。**

这个"杀"字，其实用得有点严苛，该怎么处理要看公司文化，但若不教而诛，是主管的失误，一切仍需以爱为出发点。如果给予多次机会，还是无法胜任，可能要转调部门或忍痛处理，但记得要分批处理，一出一进，不可操之过急，不然集体出走，组织会全军覆没。

39 **发展法则**

组织跟产品一样，也有生命周期

工具▶▶发展五过程

目的▶▶让你在带领团队时，会在对的时间，做对的事情

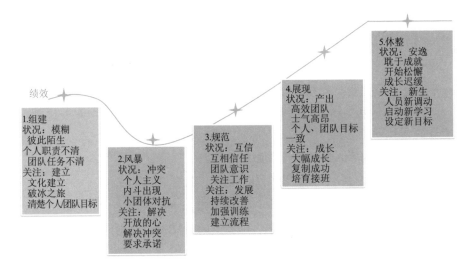

图 5-7 发展五过程

前面介绍过，产品生命周期分为导入期、成长期、成熟期、衰退期，组织当然也有类似过程。

美国心理学教授布鲁斯·塔克曼提出的团队发展阶段模型，可被应用来辨识团队处境，并针对不同阶段，使用不同操作，以取得最高管理成效。

团队发展共分五个阶段，绩效虽然随着不同阶段而有所起伏，但至少是在安全的范围，发挥最大的效果。以下分别说明"发展五过程"各阶段状况及操作的重点：

一、"组建"阶段

团队成员刚开始一起工作，不是很了解自己的职责和其他成员的角色，会有很多疑问，并通过摸索，确定何种行为能够被接受。

➢ **状况：模糊**

彼此陌生，个人职责不清，团队任务不清。

➢ **关注：建立**

1. **文化建立**→建立部门文化及基本规则。

2. **破冰之旅**→开始联结部门的感情，举办一些简单有趣的团队任务，促进破冰与和谐。

3. **清楚个人/团队目标**→清楚告诉团队成员，每个人的职责、要达成的共同目标及任务，还有将来要如何考核他们的表现。

二、"风暴"阶段

一旦清楚自己的职责，在有限的资源下，彼此分食互争的个人主义就会出现，这是很正常的一个必经阶段。主管们不要气馁，如果能事先防范，这阶段时间会很短，甚至不会出现。

➢ **状况：冲突**

个人主义，内斗出现，小团体对抗。

➢ **关注：解决**

1. **开放的心态**→带领属下，用很开放的心态，去接纳彼此的差异。

2. **解决冲突**→跟员工一起探索冲突发生原因，一起真诚地提出解决方案。

3. **要求承诺**→营造一起面对共同目标的使命感，并邀部门员工一起对共同目标作出承诺。

三、"规范"阶段

既然彼此敌意已经消除，属下就会彼此信任，此时团队会逐渐稳定下来，当然正面能量就会开始启动。

➢ **状况：互信**

互相信任，团队意识，关注工作。

➢ **关注：发展**

1. **持续改善**→可针对一些主要议题做深入的探讨及持续改善。

2. **加强训练**→这个阶段是开始练兵的好时机，可引进部门相关核心竞争力的培训课程，或建立读书会相互分享。此外，建议编列战斗小组，成员最好老、中、青三代都有，挑出能力最强或资深的人当小组长，带领新员工，一起往前迈进。

3. **建立流程**→开始建立一些相关运作流程，如思考流程、沟通流程、销售流程、企划流程、服务流程等，建立流程的好处是让团队跟随 SOP 运作，可一起聚焦而实现稳定强大。

四、"展现"阶段

成员因相互信任且经过培训后能力大增，团队可正式进入大量收割的时期。

➤ **状况：产出**

高效团队，士气高昂，个人、团队目标一致。

➤ **关注：成长**

1. **大幅成长**→不管是核心事业改善还是创新事业，此时正是收割时期，主管必须快速及大量地收割。

2. **复制成功**→一旦有了成功案例，就要好好庆祝与记录。庆祝是为了激励，增加前进的动能；记录则是为了复制，建立一种可以重复使用的成功模式。

3. **培养接班**→开始培养接班人，成就属下就等于是成就自己。水涨船必高，代代永相传，千万不能害怕属下功高震主，故意限制他的出路，这是没有自信的主管才会做的事情。

五、"休整"阶段

就我的经验，当团队获得大量成功之后，便会过于安逸而减弱下一波的动能。组织会因为享受成功而进入缓慢闲散的状态。

➤ **状况：安逸**

耽于成就，开始松懈，成长迟缓。

➤ **关注：新生**

1. **人员新调动**→将人员的职务调动，一来再次建立戒慎之心，二来给予新的学习，培养属下多元的能力。

2. **启动新学习**→像我原本是大型企业项目经理，后来转岗产品经理，再升任为副总经理，之后变成资深副总经理。每一个转变都带来很多新的课题与新的学习，一开始我总认为自己撑不过去，之后都游刃有余，乐在其中。也因为这些学习的历练，让我能更专业地领导一个团队，也为我日后的讲师之路做了铺路。

3. **设定新目标**→一成不变地原地缓慢成长，日久让人觉得乏味，此时就该启动新的商业模式，设定新的目标，才会让人产生下一波的蜕变与成长。

案例 ▶▶某科技业的组织培训问题

我去某科技业对主管授课时讲发展五过程这个工具，课间有位主管对我提出一个问题："明明做了那么多培训，为什么属下都不感激，绩效也不见起色？"

我跟他说："就中医角度来看，如果有个病人病危体弱，标准做法应该先让他服用稀粥，待其气脉和缓，再以药食治之，肉食补之，如此才会转危为安；相反，若是在其病危体弱之际，便强攻以猛药厚味，反而药到命除。"经过深谈，这位主管所带领的是一个刚合并的部门，都还没完整经历第一、二阶段，就直接进入第三阶段，安排一堆培训课程，当然无法达到他期待的效果。

所以，我后来就帮他规划了连续三个月的活动，每一个月执行一个阶段：

- **组建阶段**〔一月〕

  先好好地做个团队活动再说！

  我建议他找一天，把整个团队拉出去，先来个单车之旅，之后聚餐联络感情，然后留下来一小时，对大家做个清楚的任务说明。

- **风暴阶段**〔二月〕

  预知会内斗，就可以提前消除，在内斗尚未产生之前，先通过分组竞赛来建立团队氛围。

  建议可以来个创意点子大赛或问题分析大赛，之后大家一起承诺如何把部门变更好。分组的作用，就是进一步打破你我界限，建立更深的信任。

- **规范阶段**〔三月〕

  经历过组建及风暴两个阶段后，团队成员彼此已经有了信任，大家根据二月所做的决议，做进一步的追踪，然后再开始进行一连串培训，并着手建立部门的相关流程，部门便会产生战力而逐渐壮大。

半年过后，当我再回到这家企业授课时，我又遇到了那位主管，他对我说："还好有陈老师，不然我早就失败了。"我拍着他的肩膀，跟他说："那你要开始启动第4、5阶段的执行计划呀。"我相信，过阵子再遇到他，他应该又升职了！

陈老师即战心法补帖▶▶

○团队控制，必须要有点耐心

前面的案例，为什么我能给那位科技业主管做这么细的建议呢？因为，一样的事情也曾经发生在我身上。我给他的建议，我自己都做过，完全一模一样，甚至包括路线安排。

我常常认为，培训就是最好的福利，所以很喜欢把自己的专业知识无私地分享，想迅速地复制在他人身上。这个善意的出发点，并没有什么不对，只是不可操之过急，反而坏了一颗原本好意的心。

这跟很多男士在未取得女方信任时，便急于求婚，反遭到对方封杀出局，是一样的道理。

顺应发展，审时度势，才能让团队稳定融合，取得最大的管理绩效。

培训法则

培训，才是员工最需要的东西

工具▶▶培训三元素

目的▶▶让团队接受最完整的培训，强化组织最大的战力

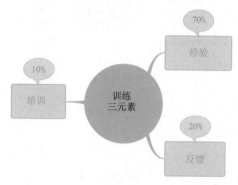

图5-8 培训三元素

在领导四大支柱中，先有"计划""组织"，再下一个流程就是"领导"。领导可分为培训规划、激励士气与冲突管理。

先从培训谈起。培训是我在外企工作期间最注重的项目，因为要有长期稳定的绩效，制胜关键就在团队的核心能力。而这些团队核心能力，必须有"培训三元素"才能养成，也就是要有**经验**、**反馈**和**培训**。一般我们称之为"721培训法则"，这721指的是时间分量比例，分别说明如下：

➢ **70%——经验**

指在职经验的培养。要尽量帮员工找到最适合他的位置，并通过职务调动来使其经历新经验。

➢ **20%——反馈**

指教练指导的辅助。要定期给予员工适切的关心、反馈与指导。

➢ **10%——培训**

指专业培训的强化。要定期安排在职能上所需要的专业课程培训，以帮助员工内化专业知识，并发挥于工作上，产生绩效。

案例 ▶▶前公司的训练三元素规划

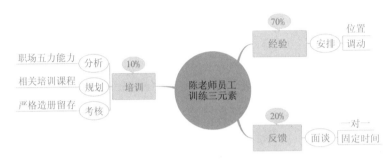

图5-9 陈老师员工训练三元素

图5-9是陈国钦在前公司做的培训三元素规划。

- **经验70%**：我会观察每个员工的强项，尽量帮他们找到最适合发挥的位置，并从中学到该工作的核心能力，之后再慢慢安排调动，让员工离开现有的舒适区，经历更多的在职体验。

- **反馈20%**：固定时间跟每个人安排一对一面谈，主要目的是倾听员工想法、适切反馈建议、深度教练指导，以及检核绩效进度。

- **培训10%**：分成分析、规划和考核三个步骤进行。

  分析→根据每个员工的职务及职场五力能力作出现状分析。

  规划→依照分析结果，拟定"**职场五力培训课程计划**"。例如：Joe是企划人员，虽然他目前企划力有8分，但他必须要接受企划课程的培训，提升到9分以上。而且他又是我的接班人，所以也要接受领导课程培训。思考力与沟通力是职场基本能力，每个人都要达到8分以上，所以全部员工都要再参加思维导图及沟通3S法则课程。

  考核→开始培训，并且做严格考核，造册留存。

陈老师即战心法补帖▶▶

我是个企业讲师，针对专业培训，我想再谈谈柯氏四级培训评估模式，供有志成为讲师的读者参考：

◌满意

评估学员的**课堂满意**程度。

针对学员对于培训以及对讲师培训内容、方法、收获等意见，进行课堂满意程度评分。

⊃学习

测定学员的**学习获得**程度。

测量学员对技能的理解和掌握程度，可采用口试、笔试、实作等方法考核。

⊃行为

考察学员的**知识运用**程度。

由学员的上级、同事、属下或客户，观察他们的行为在培训前后是否发生变化，是否在工作中运用了培训中学到的技术。

⊃成果

计算学员的**产出效益**程度。

成果评估可通过一系列指标来衡量，例如绩效达成率、员工离职率、员工满意度、客户满意度等。对这些指标的分析，可让管理层了解培训所带来的收益，虽然不是绝对的，但可以作为参考。

因为我的属下是我自己教，我把培训融入团队日常工作运用中，所以很轻易就可以达到第四等级。

但很多企业培训是聘请外师，成效大都只有在"满意"与"学习"上面，很难进入到改变"行为"及展现"成果"的等级，最主要原因是主管无法做到技术导入的跟催，可能是主管自己不熟，或主管有自己的方法，而我觉得既然要培训，就应该努力达到第四等级，这个责任就落在讲师及主管的身上。

因此，这本书及我的培训课程，会以大量的架构、流程、模型、模块、表单、图卡方式授课，就是为了能在我培训完之后，可以协助企业主管轻易地进行导入工作，进而达到效果。

41 激励法则

要属下干活，就得要激励

工具▶▶激励九式

目的▶▶通过激励九式的全面运作，让你的团队士气如虹

图 5－10　激励九式

很多主管激励属下，大都是拍拍肩、聚聚会、吃吃饭、喝喝酒、唱唱歌、打打球，真的就只能这样吗？

经过多年的实践，加上访谈过很多主管，我汇整出"激励九式"，分别是**福利**、**奖励**、**鼓励**、**权力**、**战力**、**亲力**、**群力**、**念力**、**愿力**，展开后共有十八招，逐一说明如下：

➤ **福利**〔第 1 式〕

公司最基本的职位与薪资，是最直接的激励。

● **升职法**：按表现给予晋升职位。

● **加薪法**：按表现给予调整薪资。

➤ **奖励**〔第 2 式〕

在基本福利之外，特别设计出来的额外加持。

● **补贴法**：制定额外办法，例如设定某一支主力或急需成长的产品为目标，达到目标者有奖助补贴。

● **比赛法**：制定比赛办法，例如设定某一支主力或急需成长的产品做销

售竞赛，前几名入围者有竞赛奖赏。

➢ **鼓励**〔第 3 式〕

鼓励是这个世界上最美的礼物。

- **尊重法**：尊重与相信，让人感觉到尊严。
- **关心法**：了解与关心，让人感觉到真诚。
- **沟通法**：固定面谈，让人感觉到同理。
- **表扬法**：公开表扬，让人感觉到荣耀。

➢ **权力**〔第 4 式〕

权力是最实质的相信，因为只有相信才会给出权力。

- **授权法**：给予相关决定事务的权责，但主管仍需监督与协助。
- **资源法**：给予相关的额外资源，帮助属下创造绩效或解决困难。

➢ **战力**〔第 5 式〕

培训本身就是一个很大的激励，因为职场除了留下经历，唯一能带走的就是能力。

- **培训法**：通过严格的培训，才能培养出真正的职场核心能力。
- **分享法**：通过成功案例的分享，可以迅速复制彼此的成功。

➢ **亲力**〔第 6 式〕

主管的一举一动，就是属下的一举一动。

- **榜样法**：要改变属下，以身作则是最快的方法。

➢ **群力**〔第 7 式〕

群聚才会生出力量，获得最大的团队情感及表现绩效。

- **团队法**：所谓的团建，用固定的团体活动可以凝聚感情。
- **参与法**：让属下参与决策，他就会有组织存在感，以及感受到被尊重。有时一样的决策，你说的他不做，但他自己说的就会努力做，因为人会为自己的决策背书！

➢ **念力**〔第 8 式〕

工作因为有压力，所以很难快乐，但必须要保持愉悦，这时就要借助正面的力量。

- **正念法**：让团队改变看待事情的态度，随时保持正面。
- **换框法**：让团队改变看待事情的角度，就会生出意义。

> **愿力〔第9式〕**

一个人的斗志，跟他是否有人生及工作的梦想有关。

- **梦想板**：帮助属下设定人生及工作的目标，有助于产生前进的动力。

案例 ▶▶前公司的员工激励

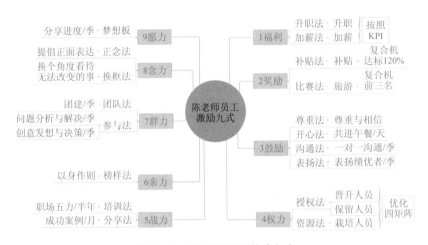

图 5-11　陈老师员工激励九式

图 5-11 这张员工激励思维导图，是我在前公司带领属下时常用的九式激励手法。

- **福利**

1. 按照 KPI 表现，特优者给予升职。〔升职法〕

2. 按照 KPI 表现，公平地给予加薪。〔加薪法〕

- **奖励**

3. 数码复合机销售业绩达标 120% 另有补贴。〔补贴法〕

4. 数码复合机销售前三名可出国旅游。〔比赛法〕

➡因当时被要求一定要增加数码复合机的销售，我就把额外补贴及比赛都放在数码复合机的成长奖励上。

- **鼓励**

5. 尊重及相信每一位员工，也要求组织中不可以有对他人不尊重的行为。〔尊重法〕

➡这一点很多主管都做不好。

6. 每天安排跟一位员工吃午餐，聊聊天，关心他平常的生活状况。〔关心法〕

7. 每季安排跟所有员工一对一地进行个人深度沟通，特别是他的职业成长计划。〔沟通法〕

8. 每季公开表扬优秀人员（一般可关联到 KPI 的绩优者或者是比赛法的优胜者）。〔表扬法〕

- **权力**

9. 给予优化四矩阵中的"晋升"及"保留"人员适当的授权，他们需要被授权，才会有动力协助主管。〔授权法〕

10. 给予优化四矩阵中的"栽培"人员适当的资源。这些资源含来电客户的分配或相关经费等，因为在一个销售团队中，新人既有客户较少，手上可运用资源也较少。〔资源法〕

- **战力**

11. 每半年进行一次职场五力训练考核，务必将每个员工的即战力拉高。〔培训法〕

12. 每月安排一个成功案例分享，让成功经验可以被迅速复制。〔分享法〕

- **亲力**

13. 对于要求属下的事，主管随时要以身作则。例如对职场五力技术的深度应用，以及相关的团队规定。〔榜样法〕

- **群力**

14. 每季举办一次团建，可能是唱歌聚餐，可能是团队出游，或举办相关的团体活动。〔团队法〕

15. 在每季的季会中分组讨论重要议题。〔参与法〕

⊃如果问题有待解决的，就要用上"问题分析与解决"；如果是创新的议题，就用"创新思维与决策"。这两种技术将于后面章节中讨论。

- **念力**

16. 提倡办公室的正面表达文化，可以每周选一天作为正念日，大家在那一天要刻意用正面的方式来沟通，让员工们感受到正面的力量。〔正念法〕

17. 列出一些负面且无法改变的事，一起来换个角度看待。例如台湾市场很不景气，不利于销售，就把这件事换个角度想，刚好借这个机会，好好提高自己，且借着市场不景气，可以让一些没有竞争力的品牌出局。〔换框法〕

- **愿力**

18. 要求每位员工写下自己的人生梦想，称之为"梦想板"，并于每季分享自己梦想板的进度，借机说出来，让大家讨论彼此的梦想，工作自然会有动力。这一招在我过去的团队带领中，产生了很强大、正面能量的效果。〔梦想板〕

陈老师即战心法补帖 ▶▶

关于组织激励，我想再提供另外的观点给各位参考：

⭗从员工看主管

我曾经跟过很多不同类型的主管，有的温和，有的霸道，有的自私，有的宽容……而终究会令人怀念的，就是那些曾经很用心对待、真心希望我变得更好的主管。

属下的感知并不如我们想象中的弱，相反，主管的一点一滴都受到他们的高度关注。所以我在当主管时，常常告诉自己要善待属下，以后当他们升任主管，自然也会这样去善待他们的属下，如此一来，职场自然会呈现良性循环。

⭗NLP 激励技巧

NLP 是一种高效的沟通技术，在本书沟通力表达法及销售力亲和法中，我已做了初步的探讨。如前面章节所言，NLP 的应用很广泛，可用在建立正面信念、戒除旧习、提升自信、自我激励、加速学习、人际沟通、交流说服、设定目标、迈向成功等，而这激励九式中的鼓励、念力、愿力，更是将 NLP 激励与沟通的力量发挥得淋漓尽致。

⭗组织生存法则

我能做的是好好花钱去外面培训，让自己在组织中具备贡献绩效的能力，所以我尚且生存下来了。

42　冲突法则

面对冲突，才能合作

工具▶▶冲突五管理

目的▶▶通过冲突五管理，让你对团队冲突的处理更加稳妥

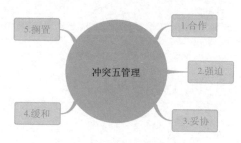

图 5 – 12　冲突五管理

同事间意见不同，产生冲突，在职场上司空见惯，只是立场或角度不同而已。如果是建设性的冲突，主管应公开鼓励大家对事不对人，促成对组织有益的结果；而对于破坏性的冲突，则必须及时遏止。

冲突管理是个职场难题，处理得不好，会招致员工不满，导致组织的产能降低；相反，处理得好，则能给组织带来正面的合作力量。一般处理冲突的方法有五种，分别是**合作**、**强迫**、**妥协**、**缓和**、**搁置**，我将它们归纳为"冲突五管理"。

至于使用何种管理方式，必须依据问题本身、员工性格、紧急程度，作出最佳判断，以下逐一说明：

➢ **合作**
- **条件**：当事人较为成熟及有其他合作选择时。
- **做法**：鼓励员工一起面对与解决。
- **结果**：双赢。

➢ **强迫**
- **条件**：当事人较不成熟，时间紧迫，或有原则性问题时。
- **做法**：直接命令。
- **结果**：一输一赢。

➤ **妥协**

- **条件**：用在分配资源而当事人争吵不休时。
- **做法**：调解，各退一步。
- **结果**：双输。

➤ **缓和**

- **条件**：很难立即决定时。
- **做法**：缓解，转移焦点。
- **结果**：双输。

➤ **搁置**

- **条件**：很难立即决定且无力缓和时。
- **做法**：回避，静待。
- **结果**：不赢不输。

案例 ▶▶ 汽车业务员争夺同一个客户

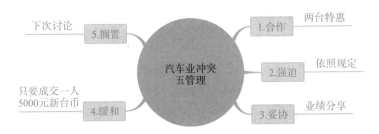

图 5 – 13　汽车业冲突五管理

图 5 – 13 这张思维导图是我在某汽车企业授课时，有位主管问我的问题解法。他问，同一个客人有两个业务员在接触，这时就会产生接单的冲突，我会建议怎么处理？

所以我就用冲突五管理来做示范说明：

[管理情境❶]

小王：客户是我先接触的。

小明：客户是我以前的好友，而且他有意愿跟我买车。

主管：〔合作〕你们俩可以想出一个互相合作且双赢的方法吗？

小王：这样好了，我们鼓励客户再找一个人一起来买，我们两台给他们特惠价，一人分一台业绩，如何？

　　小明：好方法，就这么办！

[管理情境❷]

　　小王：客户是我先接触的。

　　小明：客户是我以前的好友，而且他有意愿跟我买车。

　　主管：〔强迫〕按照公司规定，小王先接触这客户，这客户属于小王。

[管理情境❸]

　　小王：客户是我先接触的。

　　小明：客户是我以前的好友，而且他有意愿跟我买车。

　　主管：〔妥协〕这样好了，成交之后，一人算一半业绩。

[管理情境❹]

　　小王：客户是我先接触的。

　　小明：客户是我以前的好友，而且他有意愿跟我买车。

　　主管：〔缓和〕这样好了，不管谁成交，两人奖金各加5000元新台币。

[管理情境❺]

　　小王：客户是我先接触的。

　　小明：客户是我以前的好友，而且他有意愿跟我买车。

　　主管：〔搁置〕今天先不谈这问题，容我想想，下次再说。

　　我想你会问我，到底哪一个解法是好的？

　　我的回答是："如果是原则性问题，就必须照规定来，因为原则及规定比较容易说服员工，也比较具公平性。若属于非原则性问题，就要多鼓励员工用合作的方式处理。"

陈老师即战心法补帖▶▶

　　●解决冲突，对事不对人，一定永远是对的吗？

　　现实生活中，冲突并不如想象般好处理，大部分是需要仲裁的，也就是会落入"强迫主管决定"的选项，不管如何，一定会有一边不高兴，如果组织冲突频繁，就要回到人的问题来思考了。

以前在我的单位中，某位业务员希望我协调工程师帮她写客户建议书。理论上这是工程师的职责，所以我会请工程师配合，但这位业务员每次的需求都"有点难度"或"强人所难"，而且"频度很高"，我几乎天天要帮她跟组织同事做仲裁……

如果回到人的角度思考，这位业务员已经是组织中的麻烦人物了，后来只好把她换到其他较不需要跟别人合作的岗位。自从她离开之后，部门的冲突减少了，绩效也变好了。

43 目标法则

没有绩效的团队，一文不值

工具▶▶目标板

目的▶▶通过目标板的设定与检核，让你的管理有依据

表5–1 目标板

员工	衡量	控制五步骤				
		1.目标	2.绩效	3.差距	4.问题	5.对策

在领导四大支柱中，"计划"定出目标，"组织"配置人力，"领导"进行激励，而"控制"就是要做到检查。所谓检查，就是要比较在计划中定出目标与实际执行的结果，若有落后，就要找出落后的原因，并制定相应对策，直到达成目标为止。

在控制领域中，有许多法则要执行，分别为目标法则、问题法则、创新法则、会议法则、时间法则、梦想法则、行动法则。

"控制"的第一个技术是目标法则，用的工具是"目标板"，又称为KPI Dashboard。KPI就是关键绩效指标。简单地说，目标板就是一个可拿来检视目标达成进度的表格。

- **员工**：写上员工的姓名。
- **衡量**：指要达到的具体目标，一般都不止一个。
- **控制**：一般有五个项目，目标、绩效、差距、问题、对策，称为"控制五步骤"。只有在有差距的项目，才需要填问题与对策。

案例▶▶汽车业的目标板

表5–2是我在某汽车企业授课时，给他们的建议表格，当然实际上的项目还有贷款、租赁、旧车等。一般他们对员工都只记载目标与绩效，但**真正该谈论的是差距、问题及对策才对！**

表 5 - 2 汽车业的目标板

员工	衡量	控制五步骤				
		1. 目标	2. 绩效	3. 差距	4. 问题	5. 对策
王大同	1. 台数	15 台	20 台			
	2. 保险	50 万元新台币	40 万元新台币	10 万元新台币	利息比别家高	建议可再降 2%

- **员工**：王大同。
- **衡量**：台数与保险。
- **衡量与控制**

  台数：目标 15 台，绩效 20 台。

  保险：目标 50 万元新台币，绩效 40 万元新台币。差距 10 万元新台币，问题是利息太高，对策是再调降 2%。

陈老师即战心法补帖▶▶

关于目标板 KPI，以下提出两点讨论：

⊃KPI 与 OKR

最近市场上又出现一种新的衡量方式，叫作 OKR，且被很多一流的企业采用，其实不过是个另类 KPI 而已。

- 关键绩效指标 KPI：
  - ——概念：由上而下设定绩效指标，专注结果，而非过程。
  - ——优点：通过绩效考核，督促员工完成结果。
  - ——缺点：为了达成绩效指标，员工可能不择手段。
- 目标关键成果 OKR：
  - ——概念：共同讨论设定关键成果，专注过程，而非结果。
  - ——优点：通过关键任务，鼓励员工完成前因关键成果。
  - ——缺点：无法关联实际绩效，绩效可能呈现风险。

简单来说，**OKR 关注领先指标，KPI 关注实际绩效**，若没做好 OKR 的领先指标，就不会有 KPI 的稳定绩效。在实际的操作角度，其实是可以将新的 OKR 融入原有的 KPI 里面，以前面汽车业的目标板案例来说明，马上就会很清楚！

首先加入 OKR 的"有潜力完成计划的人"跟"服务满意",这两个衡量就是关键成果(领先指标)。如果手上有潜力完成计划的人够多,自然销售台数及保险金额较容易达成;若服务满意度高,有潜力完成计划的人就会变多,当然也有助促成最终的 KPI 绩效。所以我会建议 KPI 和 OKR 两者混用。

⊃参照

领导力的训练三元素:训练三元素中,有 20% 为定期教练指导,其中有关绩效部分,必须凭着 KPI 的结果来讨论。

领导力的激励九式:在激励九式的 18 种方法中,升职法、加薪法、表扬法,都可能会参照到 KPI,有了参照,才能公平赏罚。

44 问题法则

问题找不到真正原因，怎么做都是白搭

工具▶▶问题分析与解决

目的▶▶让你在面对复杂问题时，能迅速找到根源，提供有效对策，达成既定目标

图5-14 问题分析与解决

各位有没有一种经验，察觉现状不如预期，知道问题出在哪，对策也做了，但结果始终无法改善？

请看看前面沟通力的"解决型"，其模型大纲是现状、问题、对策、目标，如果照这个模型走一遍，结果与目标有落差时，有几种可能性：问题不对、对策下错、执行不力……

在这么多可能性当中，可能性最高的就是：没找到真正的问题。也就是所谓的问题背后的问题，不知道问题背后的真正原因。举例来说：

➢ **解决型：现状、问题、对策、目标**

● **现状**→本季绩效不好。

● **问题**→员工士气低落。

● **对策**→举办聚餐打气。

● **目标**→达到下季目标。

表面看来全部都对，但员工士气低落的原因是什么？如果是因为取消年度旅游才导致士气低落，那对策就应该是恢复员工年度旅游，而不是举办聚餐打气。所以模型就会变成：

➢ **问题分析与解决：现状、问题、原因、对策、目标**

● **现状**→本季绩效不好。

- **问题**→员工士气低落。
- **原因**→年度旅游取消。
- **对策**→恢复年度旅游。
- **目标**→达到下季目标。

当然，并不是每一件事都要去深究原因，一般是很久无法解决或是比较复杂的问题，才会启动"问题分析与解决"的技术。而追踪原因的方法，可参考下面的"丰田五问法"。

有一次，丰田汽车公司主管发现生产线上的机器偶尔会停止运转，原因是保险丝烧断了。每次都更换保险丝，但总是换过不久又会被烧断，严重影响整条生产线的效率。于是丰田进行了以下的问答：

问1：为什么机器停了？

答：因为超过了负荷，保险丝就断了。

问2：为什么超过负荷？

答：因为轴承不够润滑。

问3：为什么不够润滑？

答：因为润滑泵吸不上油来。

问4：为什么吸不上油来？

答：因为油泵轴磨损松动了。

问5：为什么油泵轴磨损？

答：因为没安装过滤器，混进了铁屑等杂质。

经过连续五次不断地追问"为什么"，才找到问题的真正原因，我们称之为根源。解法就是在油泵轴上安装过滤器，之后问题就不再发生了。当然，实际用在工作上，并不是每件事都要往下问五次，但至少要去探讨目前的问题是否还有背后的原因，这样，才能对症下药，问题才能真正被解决，而目标也才能达到。

案例 ▶▶A 笔记本电脑公司渠道不进货

A笔记本电脑公司发现渠道一直不愿意进货，公司看情况不对，就猛打促销，只要进货就折让10%（一般进货折让是2%），也未见起色。后来我协助他们使用问题分析与解决技术。以下还原当时的情境，以这个经典案例示范说明：

启用问题分析与解决模型——**现状、问题、原因、对策、目标**。建议把思维导图的放射状改为往右延伸之"逻辑向右图",这样比较容易看到追踪根源的层次。

- **现状**

  目前渠道进货达成率只有 50%。

- **问题**

  主要可分成四个方面:

  √ 毛利:毛利差,卖 A 公司笔记本电脑毛利不好。

  √ 市场:市场小,笔记本电脑市场逐年萎缩。

  √ 关系:关系差,A 公司业务与渠道的关系不好。

  √ 竞争:条件差,对手提供很多渠道相关的保障。

  一般这个时候,大部分的人觉得提供进货加码,花钱买单不就摆平了吗?但如果仍然不见效果,就得着手去找原因了。

- **原因**

  (就毛利差这一线的根源进行追踪)

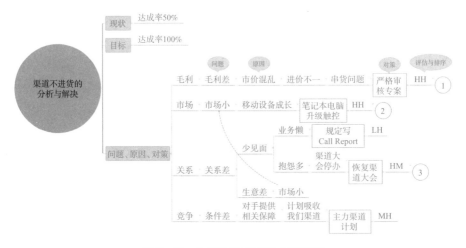

图 5-15 渠道不进货的分析与解决

问 1:为什么毛利差?

答:因为市场混乱。

问 2:为什么市场混乱?

答:因为渠道进价不一样。

问3：为什么渠道进价不一样？

答：因为有串货及水货问题。

何谓串货？简单来说，就是 A 笔记本电脑公司业务为了个人绩效，申请一批特殊价格笔记本电脑，说是要给某大型企业大量采购，但其实是假单，这批低价货就进入渠道的库房，然后这渠道再以低价批货方式给了其他渠道，这样，市价便失去管控机制，毛利自然不稳。而另一路是水货进入台湾，造成市价不稳。

因为可能有串货或水货，经过调查，假单疑似大量发生，而水货进来很少，且价差不大，所以假单串货就是真正的根源了。毕竟 10% 进货折让再怎么诱人，也打不过 30% 的低价批发。

- **对策**

找到根源之后，接下来当然就是要有对策，并且进行评估和排序。

〔对策〕以串货问题来说，就是要阻挡假单，严格审核项目。

〔评估〕对策评估有两个重要参数——**重要性**与**可行性**，以 HML 显示高中低程度，例如"HH"就是"很重要，很可行"。

〔排序〕评估的排序为 HH > HM > MH，在 MM 以下，意义就不大了。为何 HM > MH 呢？因为是很重要的对策，即使可行性只有中度，也比中等重要但很可行的对策排序高一些。

⟳如果是同等同分，该怎么分出排序先后呢？像案例中的"严格审核项目"及"笔记本电脑升级触控"，都是 HH，这时候就要用**急迫性**及**效益性**来做进一步排序。因为审核项目具备更高的急迫性及效益性，所以"严格审核项目"排在第一，而"笔记本电脑升级触控"排第二，排序第三的是"恢复渠道大会"。

⟳问题分析与解决，本身是一种项目管理的概念，所以对策必须经过评估与排序，选出三个最重要的对策，进一步展开执行计划。

- **目标**

渠道进货达成率100%。

〔执行计划〕把 Top 3 对策展开，每个对策可能会有一个以上执行计划，而每个执行计划都要列出衡量目标、负责人、日期、进度。

表5-3 执行计划展开表

	对策	执行	目标	负责人	日期	进度
①	严格审核项目	项目汇整	汇核（大于100万元新台币 case）	助理	每月25日	
		项目审核	审核（大于100万元新台币 case）	主管	每月底	
②	笔记本电脑升级触控	全面家用笔记本电脑升级触控面板	9000台/季	产品经理	6月底	
③	恢复渠道大会	经销商蓝海高峰会	经销商满意度大于80分	公关经理	7月底	

陈老师即战心法补帖▶▶

⊃**问题解决，除了技术，也需要勇气！**

其实，问题分析与解决，要的不只是**寻找根源的技术**，也需要**执行对策与计划的勇气**。例如案例中排序①的"严格审核项目"就是个大挑战，因为牵涉到业务与渠道的共同利益，甚或会有主管牵涉其中，案情看似简单却又复杂，跟拆炸弹一样，剪对线将一战成名，剪错线便粉身碎骨。

A笔记本电脑公司学员问我："真的要动刀吗？"

我问他："有没有一个挺你的老板？"

他说："有。"

我说："那就干吧！"

经过半年，我再问这位学员：改善结果如何？

他说才严格执行三个月，渠道就开始进货了，其他"笔记本电脑升级触控"及"恢复渠道大会"都还没开始发动呢。

这件事，给了我一个很大的启发，很多企业都有一个共同的现象，问题明明摆在眼前，大家却净做一些傻事，可能是不会问题分析，也可能是不敢面对。

以这个串货的案例来说，A笔记本电脑公司在四个地方花了冤枉钱：

——花薪水请业务员来上班。

——业务员做假业绩冒领奖金。

——业务员做假单给出大折扣。

——再花钱做促销去抵抗市价混乱。

除了在这些地方花大钱，还把自己的品牌做坏，这一切的一切，只因为不敢面对摆在眼前的事实。

身为主管的你，当走在对与错的十字路口时，你会做什么样的选择呢？我没有很明确的答案，因为每个企业情况不同，企业文化也不同，但这个案例，值得深思！

45 创新法则

学会创新，就是打开脑袋的天线

工具▶▶创新思维与决策

目的▶▶通过思维导图的整合思维技术，让你能大量思考，并迅速收敛，进而产生决策

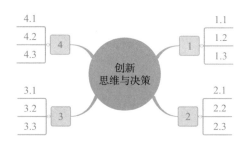

图 5－16　创新思维与决策

"创新思维与决策"及"问题分析与解决"皆为企业使用率很高的技术，因为在职场上，就是一连串的问题要解决，或是一连串的创新要思考。由于我擅长简单快速的即战手法，关于"问题分析与解决"及"创新思维与决策"，都只要一张思维导图加上一张执行计划就可以完成。

回到创新话题来谈，常用的工具有思维导图、KJ 法、曼陀罗法、奔驰法、635 法、六顶思考帽、世界咖啡馆……不胜枚举，我当然就是使用思维导图。

由于创新思维属于自由联想，所以是没有模型的，主题放在中央，大纲就是 1、2、3、4。其实创新思维就是用思维导图来记笔记，其开展方式有三种（以中秋节烤肉这张思维导图为例）：

● 由上而下：先有 1，再向下开展出 1.1、1.2、1.3。

例如→先有肉类，再往下产生猪肉、鸡肉、牛肉。

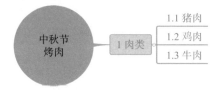

图 5－17　中秋节烤肉

- **由下而上**：先有 1.1、1.2、1.3，再往上归类出 1。

  例如→先有猪肉、鸡肉、牛肉，再往上产生肉类。

- **混合式**：先有 1.1、1.2，向上生出 1，然后再由 1 往下生出 1.3。

  例如→先有猪肉、鸡肉，再往上产生肉类，然后再由肉类往下产生牛肉。

⊃附带说明，以上都是同一支脉的垂直思考，用哪一种方法都可以。当然也可由肉类水平思考，横向产出菜类。重点是利用思维导图强大的思考及逻辑整合能力，一边大量产生想法，一边归纳整合，之后再进行总评估，找到最好的对策，展开执行计划。

案例 ▶▶金融业的幸福企业思考

金融业是比较高薪的行业，但工作也比较辛苦，所以每次在金融业做创新思维训练，学员都会精神百倍。而创新思维和问题分析一样，都属于项目管理的概念，在实际运作上有两个步骤：

一、运用思维导图

创新思维本身属于自由联想，并不需要任何大纲模型，但它和问题分析一样，都要想出对策，然后进行评估、排序。

例如，以"如何成为幸福企业"为题，找出前三大对策是①定期旅游、②职场五力、③注重健康。

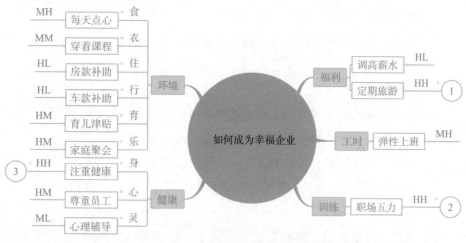

图 5－18　如何成为幸福企业

二、展开执行计划

如，把 Top 3 对策展开，分别填上执行计划、衡量目标、负责人、日期和进度，提供更新进度检查（每个对策的执行计划可能会有一个以上，每个执行计划都要有衡量目标、负责人、日期、进度）。

表 5 - 4   展开执行计划表

对策		执行	目标	负责人	日期	进度
1	定期旅游	年度旅游举办计划	国外旅游一次/年	A	寒署假	
2	职场五力	职场五力培训考核	90%通过职场五力测验	B	6月底完成	
3	注重健康	健康检查	100%参加	C	1月底确认	
		健身运动	免费健身房年卡	D	1月底确认	

延伸：思维导图法＋KJ 法的整合

进行创新思维与决策，如果忽然文思枯竭，可结合思维导图与 KJ 法一起运作。**KJ 法**就类似前面例子中秋节烤肉的混合式，只是用卡片来运作而已，其步骤如下：

> **制作卡片**
- **思考**：请团队中的所有人，每个人提供 1—3 个想法，一个想法写一张卡片。

> **归类命名**
- **摊开**：将每个人写好的卡片全部摊在桌面上。
- **归类**：把内容相同或相似的卡片放在一起，加以分类。
- **命名**：为该类别进行命名，写在一张新卡片上，放在该组别上方。以"中秋节烤肉"为例，先有猪肉、鸡肉，再往上归类，并命名为肉类。

> **再度开展**
- **展开**：根据类别，纵向或横向展开。例如"中秋节烤肉"，肉类的归类已经产生，再由肉类往下产生牛肉；当然也可以横向开展为菜类、

饮料类、佐料类、器具类等。

如此一来，就可以很迅速地产生很多想法，创新思维与决策就能顺利进行，当然整个运作是在思维导图的汇整下完成的！

延伸：思维导图法＋奔驰法（SCAMPER）的整合

如果实在是词穷，用 KJ 法也挤不出想法，那有没有既有的模型可以辅助呢？答案是有的，可以使用**奔驰法（SCAMPER）**。

- **代替（S＝Substitute）**：原有事物是否可以被取代？
- **组合（C＝Combine）**：有哪些功能可以组合使用？
- **调整（A＝Adapt）**：原有事物是否有微调的空间？
- **修改（M＝Magnify/Modify）**：原有事物是否有修改的空间？
- **借用（P＝Put to other use）**：除了现有功能外，能否借用其他功能？
- **消除（E＝Eliminate）**：原有事物有哪些可以被消除？
- **重排（R＝Re-arrange）**：原有事物顺序能否重排？

案例 ▶▶ 书包太重了，怎么办？

现在小学生背的书包都很重，严重影响到小孩的发育。有什么办法能够改善呢？

口诀：**SCAMPER＝代合调改用消排**。

只要这个模型一出来，答案很快也就出来了。

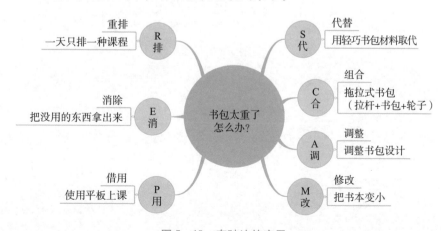

图 5 – 19 奔驰法的应用

陈老师即战心法补帖▶▶

➲"问题分析与解决"和"创新思维与决策"

相同处：两个方法都有水平思维导图法及垂直执行计划。先用思维导图做集思广益的水平思考，再用决策矩阵做细部计划的垂直收敛。

不同处："问题分析与解决"有模型——现状、问题、原因、对策、目标；"创新思维与决策"无模型——自由联想，或有模型——SCAMPER。

46　**会议法则**

懂得有效开会，才能告别无效沟通

工具▶▶**会议六模型**

目的▶▶**让你拥有高效开会的能力**

会议六模型

单向			讨论		
解决型	**企业型**	**报告型**	**问题型**	**创新型**	**事件型**
SPST	GSOST	DIFF	SPRST	Free	5W2H
· Situation（现状）· Problem（问题）· Strategy（对策）· Target（目标）	· Goal（目的）· Situation（现状）· Objective（目标）· Strategy（对策）· Tactic（执行）	· Data（资料）· Information（信息）· Finding（发现）· Future（未来）	· Situation（现状）· Problem（问题）· Reason（原因）· Strategy（对策）· Target（目标）	· 自由联想	· Why· Who· Where· When· What· How· How much（费用）

图 5 – 20　会议六模型

　　说起会议管理，不得不说会议深深地困扰着每一个上班族，可说是另类的职业创伤。然而走遍各大企业，尽管大家对无效会议如此痛恨，它为何还一直存在于企业呢？

　　答案就是，因为主管想通过会议来了解工作情况，或通过会议表决与众人相关的事，本意没有错，错就错在主管不懂得如何引导有效会议，只好带着大家一起沉沦。

　　学习会议管理，首先要知道是什么问题导致会议的无效。经过访谈，我归纳出十项：不知啥会、没有准备、有人不来、一言堂、各持己见、偏离主题、会而不议、议而不决、决而不行、行而不追。只要有其中一项出现，会议可能就会失效。

　　如果以会议过程来分，这十项问题可归在会议前、中、后，而解药就是要依问题逐一破解：

➤ **会议前（不知啥会、没有准备、有人不来）**

● **会议授权**

会议前一定要有个被授权的主持人。主持人并不是来打杂的，而是被赋予权力及责任，可能是主管本身、项目负责人、员工（轮流）、会议发起者。重点是主持人要有权力，这是所有会议的重点，因为缺了有权力的主持人，就没有会议的指挥核心。

● **发布大纲**

主持人的第一件事，就是发布与会大纲。建议大纲5W1H如下：

　　√ Why（目的）

　　√ Who（参与者）

　　√ What（讨论内容 & 准备事项）

　　√ When（时间）

　　√ Where（地点）

　　√ How（如何）

〔举例〕

　　√ 目的：如何让渠道成长超过10%

　　√ 参与者：King、Joe、Joey、Eric、Lorenzo、Joy、Richard

　　√ 内容：渠道成长讨论（现状、问题、原因、对策、目标）

　　√ 准备：主要渠道的进货达成情况

　　√ 时间：2019年7月10日

　　√ 地点：会议室901

　　√ 进行：1. 待办事项检核30分钟——King

　　　　　　2. 主要渠道绩效报告60分钟——Sales

　　　　　　3. 渠道成长讨论120分钟——Joe

➤ **会议中（一言堂、各持己见、偏离主题、会而不议、议而不决）**

● **会议六模型**（下一段将会进一步讨论）

➤ **会议后（决而不行、行而不追）**

● **会议摘要**

就是会议中的重点摘要，可能是开会决议或待办事项。

● **执行计划**

在会议六模型中，只有问题型及创新型会有执行计划的产出。

有关"会议六模型"，分两大类型说明如下：

一、单向型

就是单向对主管报告。

一般单向报告有三种形态：（1）解决问题；（2）工作计划；（3）绩效报告。当然单位可使用自己的格式或自由报告，但如果能规定好报告的统一模型，会有利于员工的准备及主管的吸收。

➲建议使用沟通七模型中的三个对内模型，也就是"解决型""企划型"和"报告型"，或主管可自行修改成自己部门的单向报告模型。

二、讨论型

就是团队讨论会议。

这才是会议最有挑战性的地方，所谓的无效会议就是这种讨论型，因为它可能牵涉到跨部门沟通，一旦跨了部门，就可能会有立场问题。关于跨部门沟通或跨部门会议，也有很多种套路，有一种套路是使用同理倾听，求同存异，这个套路适用于成熟团队。我个人比较倾向使用高效工具，因为工具会有对事不对人的特质，可以巧妙化解立场冲突，有利于团队的共识建立。

一般讨论型会议有三种模型：（1）问题分析与解决；（2）创新思维与决策；（3）活动事件的决议，也就是会议六模型中的问题型、创新型和事件型。其中"问题分析与解决"及"创新思维与决策"，已经在前两技中介绍过，以下针对事件型示范说明。

➢ 事件型

就是跟举办活动相关的讨论与决议，例如聚餐、尾牙、旅游、说明会等。一般事件型大纲包含 7 个元素：Why（目的）、Who（人物）、Where（地点）、When（时间）、What（事物）、How（如何）、How much（费用），也就是5W2H。

- Why（目的）：活动目的。
- Who（人物）：活动参加者。
- Where（地点）：活动地点。
- When（时间）：活动时间。
- What（事物）：活动相关事物。
- How（如何）：活动进行方式。

● How much（费用）：活动费用。

事件型的会议技巧，重点在于如何产出这 5W2H 七个元素，因此会使用到思维导图的动态引导。这是思维导图的有效应用，可分为三段：**确认→联结→预算**。

- **确认**：首先务必要确认举办这个活动的目的。
- **联结**：决定好目的之后，再开始启动联结人物、地点、时间、事物、如何。
- **预算**：当所有事情都被确认，最后就是进行费用的总结。

案例 ▶▶前公司的员工旅游事件型讨论

图 5 - 21 这张思维导图是我在前公司一场令人印象深刻的会议引导，讨论主题是员工旅游，但会议开了好几次，一直无法形成共识，后来我就自告奋勇，主动帮大家"服务"这个会议。虽说是服务，其实是想通过有效引导，赶快结束这个冗长无聊的会议。

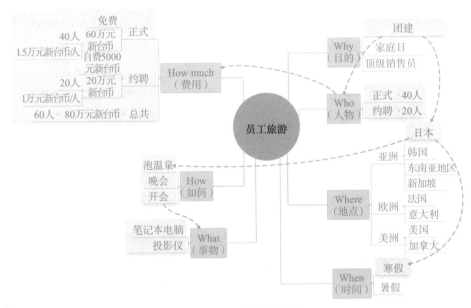

图 5 - 21　员工旅游的讨论

升会之前，找先跟大家约法三章，每个人都可以表达自己的意见，会议中任何意见都会被采纳参考，但最后要依照投票结果决议，恳请大家支持，寻得初步共识。

> **确认**

● **Why（目的）**

我首先问同事们：此行的目的是什么？话音才刚落下，马上就迎来一片掌声。于是我一边听一边汇整民意，并呈现在"Why"底下，共分三路，分别是：团队活动、员工家庭日、顶尖业务奖励旅游。随即进行举手表决，结果获得最高票的是团队活动。

> **联结**

● **Who（人物）**

既然决定团队活动，接下来就要开始讨论谁可以参加。毋庸置疑，既然是团队活动，只要是这个团队的一分子，不管是正式员工还是约聘员工，都一律可参加，这一次就百分百通过了。

● **Where（地点）**

接着要讨论哪个地点最适合团队活动的运作。这次意见可就多了，亚洲、欧洲、美洲都有。这里务必记得，不管底下讲什么，把所有答案全部写上去。不用担心，好戏在后头的引导，而引导就必须要有点技巧了。既然所有员工都要去，就会有经费考量，因为欧美团费极贵，如果要加收费用，大家就不开心了，这一步已经把欧洲及美洲巧妙删去，只剩下亚洲这个选项，所以地点马上就被联结出日本与泡温泉。

● **When（时间）**

确定要去日本泡温泉，那么寒假出团是必然的。

● **How（如何）**

泡温泉之旅的余兴节目呢？我提出大型榻榻米分组晚会表演，会议当场整个沸腾了起来，而团队共识就在快乐融洽的气氛中达成了。但如何开心旅游，总不能忘了企业本质，还是要让老板们以展望未来的说话形式开个小会，以便起到激励团队的作用。

● **What（事物）**

说到开会，就得带上笔记本电脑及投影仪，或询问饭店能否租借。

> **预算**

● **How much（费用）**

既然前六项都已出炉，一个人要 1.5 万元新台币，正式员工 40 人免费，约聘员工 20 人，自费 5000 元新台币，补助 1 万元新台币，总共费用需要 80 万元新台币。

整个会议引导过程不到一小时，大家很开心地一起作出决定。那次员工旅游虽然只有短短 4 天，却是我这辈子最开心的一次团队出游。我还记得跟大家在榻榻米跳舞的情景，如此融洽的气氛，其实在会议引导时，就已经浮现在我的眼前了。

陈老师即战心法补帖▶▶

⊃思维导图的妙用

请大家再回顾前面事件型案例的思维导图圈选部分，它在某种程度上代表着会议结果，而为什么还要保留那些没有被选上的意见呢？这就是思维导图的妙用所在。它有两个含义：

（1）尊重：大家的意见都还在上面，表示我们重视每一个人的发言权。

（2）弹性：如果因某种状况而有了变量，例如老板一语定乾坤，要改成顶尖业务奖励旅游，也就是说"Why"（目的）被改变了，之后所有联结当然也会跟着改变，而思维导图上面的所有信息，便能立即发挥相关的联结作用。

⊃传统脑力激荡与思维导图激荡

传统脑力激荡看似民主，有时会发散、跳跃、中断；而思维导图激荡有三大优点——**归纳**、**引导**、**聚焦**，它既保有脑力激荡的思考本质，还具有同步归纳、引导和聚焦的能力，使整个会议节奏变得速度快、气氛好、决策准，实在是精妙无比。

47 时间法则

明日事，今日毕

工具▶▶时间管理四象限
目的▶▶通过时间管理四象限的管理，成为时间的主人

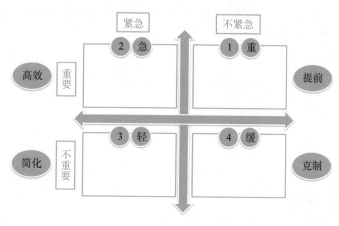

图5－22　时间管理四象限

如果说世上有三种人，第一种人"昨日事今日毕"，第二种人"今日事今日毕"，第三种人"明日事今日毕"，请问这三种人在职场的成就会有什么样的不同？

先说第一种人，这肯定是职场不欢迎的，因为他总是拖拖拉拉，最后草草了事。而第二种人跟第三种人有哪里不一样？老师不是说过要今日事今日毕吗？明天的事明天再做不好吗？今天先做明天的事有什么好处呢？

答案很简单，如果你今天把明天的事先做完，等明天一到，你便可在明天做后天的事，这样一来你便会一路领先，而一路领先的人，成功的机会自然大增。当然你可能会问，谁知道明天要做什么事？其实，大部分的人都知道明天要做什么，还有未来即将发生的事，也都会在时势的推演与预测中得知。

回到刚刚谈的时间先后，我们先定义横轴为"紧急"（今天）与"不紧急"（明天），再加入纵轴"重要"与"不重要"，这样就会交叉形成"时间管理四象限"。这四个象限**依照处理顺序**，会是❷→❶→❸→❹（急、重、轻、缓）；但若是**依照关注顺序**，则会是❶→❷→❸→❹（重、急、轻、缓）。以下按照关注顺序逐一解释：

❶重

- **状况**：重要，不紧急。
- **做法：提前**。

  越是高层的人，越要在这一块放更多的时间比例，重要的事情提前做，紧急的事情自然会减少。

  例如客服部门，如果把经常出现的问题统计出来，找出前十大问题，事先予以防范，或是写出一套标准处理操作程序，紧急状况就会减少，以重救急才是正本清源之道。

❷急

- **状况**：重要，紧急。
- **做法：高效**。

  这是最容易被触发行动的一块，因为它最急又重要，建议善用本书介绍的 50 个技术，效果更为显著。不过，就像前面说的，多做重要的事，急事自然会减少。

❸轻

- **状况**：不重要，紧急。

  轻，意指这件事是个"假议题"，其实可以轻松带过。这个陷阱在组织中最具危害性，很多企业都被卡在这里，例如无效会议、无聊八卦、无聊聚会等。
- **做法：简化**。

  能简化的简化，能转包的转包，或干脆直接拒绝。

❹缓

- **状况**：不重要，不紧急。

  缓，意指这件事可以暂缓或搁置，同时这也可能是最为舒缓的一块。它可能让人感到愉快，但会让组织无法聚焦，慢慢地侵蚀个人及组织的宝贵时间。

- **做法：克制。**

刻意去控制这一区块的时间浪费。

时间管理就是时间的分配，我在企业做过很多测试统计，他们花在❶的事情，比例几乎是零，大概有70%的时间在做❷的事情，30%在做❸与❹的无聊事情。一个成功的人，如果以月为单位，至少要有30%以上时间在做❶的事情，越是高层越要在此投入更多的比例，这个企业才有未来。

案例 ▶▶ 某制造业企业的时间管理四象限

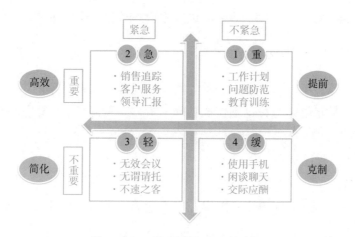

图5-23 时间管理四象限的应用

图5-23这张象限图是在科学园区某制造业企业讲授时间管理课程时，我请他们把每一个时间段常发生的三件事，照顺序填入的。他们说这样排完之后，心理压力顿时减轻很多：

➤ 重
- 工作计划：每个人先把整年度工作计划拟好（可参照沟通力解决型或企划型）。
- 问题防范：列出主要问题，事先做好问题防范。
- 教育训练：写下最希望加强的核心竞争力，并投入学习。

➤ 急
- 销售追踪：集中在某个时段统一追踪，不要太散乱。
- 客户服务：制定高效的标准服务操作流程，尤其是常见服务。

- 领导汇报：制定固定汇报格式，在周报时汇报即可。
  - ➤ 轻
- 无效会议：集中及简化，去除不重要的会议。
- 无谓请托：拒绝或简化，把精力放在需要关注的事项上。
- 不速之客：直接拒绝，委婉告知必须先有约定才来。
  - ➤ 缓
- 使用手机：规定重要会议或培训时调成无声。
- 闲谈聊天：每周三下午 4 点定为快乐时光，让大家好好畅聊，平常就多做正事。
- 交际应酬：减少部门聚餐，以健康户外活动取代，并减少次数。

陈老师即战心法补帖▶▶

职场历练多年，放眼望去，大多数人都把时间放在紧急的事上，不管它重不重要，反正就是急，也难怪成功的人不多。所以，除了以上的时间管理四象限之外，我最后再加码时间管理十技巧提供给大家参考。

⊃时间管理十技巧

● 目标设定

有目标，知道时间该用在哪里，才不会搞了半天回到原点，或是不知漂向何处。

● 分类处理

把工作事项分类，才能将同类事情一起处理。

● 制造缓冲

要求别人的事往前，答应别人的事往后。例如跟别人要东西，期限是星期五，就往前压到星期三，预防他人迟交；相反，如果知道自己可以星期三完成，就允诺他人星期五会给，提早完成会让他人惊喜。

● 高心流

所谓高心流，就是做了什么事情，会让你处于很快乐的状态。在生理学角度，当你很快乐时，大脑就会分泌多巴胺，这是一种有利健康、增加正面思考、让灵感活络的良药。例如对我而言，游泳、跑步、静心、音乐、泡温泉、SPA、开敞篷车、演说、助人，会让我觉得高心流，那就多做这类事情，让自己常处于高能量状态，有助完成工作及愉悦人生。

- **集中处理**

同类型的事，集中在同一个时段。例如所有开会都在星期一，所有拜访都在星期二。集中可以搭配分类使用，先分类事情，再集中时段。

- **一心二用**

就是把一件需要专注的事和一件不需专注的事，放在一起做。例如一边坐高铁，一边做简报；一边洗碗盘，一边看视频；一边跑步，一边听英文；一边整理家务，一边跟同事打电话。这样的效果很好，因为你可能很不爱洗碗盘，但却因为一边看视频，而把洗碗盘的痛苦忽略掉了，另一方面是同一时间做了两件事。

- **零碎时间**

利用早起、睡前、等车、坐车、等人、吃饭、休息等零碎时间，处理简单的事，例如思考、记录、回电、更新日程等杂事。

- **化繁为简**

凡事简化，建议大量使用思维导图。相信陈老师，学会思维导图，不只省时，又能高效。

- **舍就是得**

该舍去的工作、该放手的应酬、该放下的创伤，统统舍掉。有舍有得，大舍大得，小舍小得，不想舍得，动弹不得。

- **整理桌面**

桌面有两种，一种是办公桌面，一种是计算机桌面。保持清理状态，重新开始。

48 梦想法则

回到未来，设定目标，改变现在

工具▶▶梦想板
目的▶▶通过梦想板，让你知道为什么活着

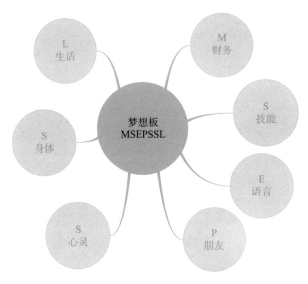

图5-24 梦想板

首先，我先来介绍一部超好看的日本动画电影《你的名字》，这大概是继美国科幻电影《回到未来》之后，我看过最好看的跨越时空好片之一。这部动画片，描述一位住在东京的男孩泷，一觉醒来，跟日本深山小镇糸守町女孩三叶交换灵魂的故事。

他们经历了彼此的生活，变成了很要好的朋友。有一天，三叶却再也没出现了，于是泷就循着记忆，跑去糸守町寻找三叶，发现她早在三年前一场彗星撞地球的灾难中，与糸守五百位镇民一起丧生了。泷在伤心之余，开始追寻三叶过去的生活点滴，在洞穴中发现当年三叶亲手酿的口嚼酒，一饮而尽后，两人竟再一次交换灵魂，回到了三年前，彗星撞地球的前一天。泷告诉三叶一定要赶快逃跑，因为明天就要发生大灾难了……故事结局是泷救了五百位镇民的生命，当然包括他最心爱的三叶。陈老师为什么讲这段故事呢？我要各位去思考，如果你现在过得不好，是谁从三年后跑到今天来救你呢？

这个答案，就是三年后的你自己！

画一张时间的转换图，相信各位马上就会理解：

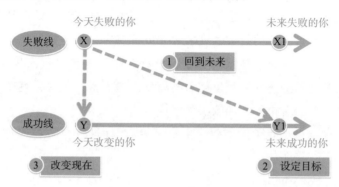

图 5 - 25　时间转换图

如果今天的你是在失败线的 X，若没有任何人来解救你，那么你未来肯定会是落在失败线另一端的 X1；而那个前来救你的人，就是未来成功的你 Y1，Y1 会把你从失败线的 X，拉到成功线的 Y，以备日后能进行到 Y1。当你懂这个概念后，我就要送你 12 个字：**回到未来**，**设定目标**，**改变现在**。

❶回到未来

回到三年后的今天。

❷设定目标

想象你三年后想要达到的目标，并把它写进梦想板思维导图里。

❸改变现在

再回到今天，这时的你已经变了，就不再是原来的你了。

人如果没有梦想，就没有目标；没有目标，就不知道要去哪里；不知道要去哪里，就不知道要做什么；不知道要做什么，就不会快乐！所以，人之所以不快乐，答案很简单，就是没有梦想。

"回到未来"很容易，只要想象未来的某一天就可以做到，而这一技要教你的是如何"设定目标"，下一技要教你如何"改变现在"。

谈到如何设定目标，首先要知道人类的行为科学，就是视觉化。我先给各位一个公式：

想象化 > 视觉化 > 成真化。

各位是否有听过，当你很想要一台奔驰车，就把奔驰车的照片贴在桌面，天天去想象拥有奔驰车的景象，没多久你就拥有奔驰车了。这意思并不是说，天天想着奔驰车，它就会像跟阿拉丁神灯许愿一样变出来，而是要你天天想着它，就会燃起你拥有它要付出努力的勇气。这个操作关键，就在于视觉化，而视觉化的工具，首推思维导图的梦想板。

一般跟职场人士有关的梦想，主要可分为下面这七种，当然读者可自行调整修改。逐一说明如下：

- **财务（M = Money）**

  相关职位及年薪所得，或相关投资。

- **技能（S = Skill）**

  职场核心技能或表现成果。

- **语言（E = English）**

  语言能力。

- **朋友（P = People）**

  你所关注的朋友圈。

- **心灵（S = Spirit）**

  心灵层面，可能是志向、宏愿、修行或信仰。

- **身体（S = Sports）**

  身体层面，包含健康程度及生活作息。

- **生活（L = Life）**

  生活的需求，例如饮食、衣着、房子、车子、学习、旅游、嗜好、享乐等食衣住行育乐方面。

案例 ▶▶陈老师的梦想板（M. S. E. P. S. S. L.）分享

2005 年，在一架飞往美国的飞机上，也许是经过国际日期变更线的转换，我顺手拿起一张白纸，写下我的梦想板：

- **M 财务**：年薪超过 300 万元新台币，职位要能达到高级主管。
- **S 技能**：当个正式职场五力讲师，并通过商周出书。
- **E 语言**：英文不好，痛下决心，至少要会沟通。

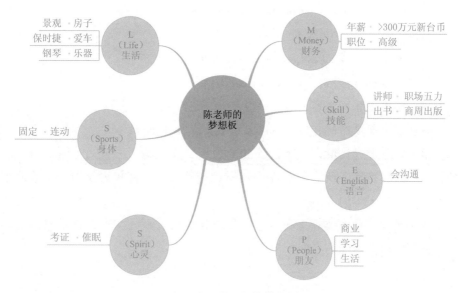

图 5 - 26　陈老师的梦想板

- **P 朋友**：减少损友，留下对商业、学习、生活有正面交流的朋友。
- **S 心灵**：要拿到催眠师证照，以备日后要当心理咨询师，救己又可救人。
- **S 身体**：改变作息，多多运动。没有健康，一切免谈。
- **L 生活**：买一间梦想中的景观房，买台保时捷车，学会简单的民谣钢琴。

说也奇怪，从那天起，我变了！我不敢说自己变得很快乐，但知道我为什么活着。

你可能要问：这些梦想，我都达到了吗？

答案是：是的，我做到了！

当然，梦想的达成，只是写下来还不够，还要搭配下一个技术工具"圆梦计划"才行。

陈老师即战心法补帖▶▶

有一天，一位金融业学生在网上传了一个信息给我，我点开一看，是一首英文歌《你鼓舞了我》（*You raise me up*），作词者是爱尔兰小说家兼作词家布兰登·格雷厄姆。

You raise me up, so I can stand on mountains.

You raise me up, to walk on stormy seas.

I am strong, when I am on your shoulders.

You raise me up, to more than I can be.

我仔细去看歌词内容，大意是说：

当我在绝望深渊的时候，你像天使般把我救了出来……

她说自从上过我的课，听过我的梦想板分享，她回去就马上写下自己的梦想板，之后拒绝了所有的负面思维与无聊聚餐，全部投入学习，也因此实力大增，找到人生的方向。

我跟她说，是你鼓舞了我，你让我想起我当老师的初衷，就是要传播知识，去帮助需要帮助的人！

49 行动法则

倒果为因，以终为始

工具▶▶圆梦计划

目的▶▶通过圆梦计划的执行，才会让梦想真正实现

表 5 - 5 圆梦计划

梦想	项目	现况1	2	3	4	5	6	7	8	9	10
Money											
Skill											
English											
People											
Spirit											
Sports											
Life											

这一章节的圆梦计划，是延续梦想板的后续动作。

各位是否参加过直销商大会？那种场合，当下会让你感到热血沸腾，但是过了几天，又会觉得梦想遥不可及，还是当回原来的自己。这种"上课感动，下课不动"的主要原因，就在于没有采取行动。

既然采取行动那么重要，怎么还是有这么多人无法采取行动呢？因为这种无法采取行动的行为，是人类天生的制约系统，它让你觉得踏实、心安，也免于再一次的挫折。所以，我想提出一种更有效的办法，让我们能采取行动，那就是圆梦计划，口诀是：**倒果为因，以终为始**。几个步骤说明如下：

一、填入梦想板项目

将上一章节梦想板的项目（如 M 财务、S 技能、E 语言、P 朋友、S 心灵、S 身体、L 生活）填入左侧栏位。

二、写下目前的现状

写下每个梦想的目前情况。例如，关于财务，目前年薪 100 万元新台币、

职位是业务等跟财务相关的现况。

三、放入目标里程碑

先把项目总目标放到某一年的时间点，再"以终为始"，往前推出子目标时间点，因为子目标较易达成，所以当时间一到，就比较容易采取行动。

前几年我一直想去法国，但总因为某些原因没去成，我就在 2018 年的每一堂授课中都大声告诉同学们，陈老师 2019 年 1 月，一定会带着家人去法国旅游。后来我终于如期去了法国，这就是目标压上时间点，并搭配大声说出来的一种有效方法。

案例 ▶▶陈老师的圆梦计划

关于梦想板项目内容，在前面已经详述。下面这张圆梦计划表，最主要就是把目标具体化及压上时间点。

表 5 – 6　圆梦计划表

梦想	项目	现状1	2	3	4	5	6	7	8	9	10
Money	年薪	100			200			300			
	职位	业务 ←--- 行销 ←--- 主管 ←						高级			
Skill	讲师	不是						实习			正式
	出书	思维导图认识	销售企业认识		专案管理认识						商周出版
English	英文	英文	会写	会讲	会听						
People	交友	交友				商业/学习/生活 朋友					
Spirit	催眠	催眠						催眠证照			
Sports	跑步	4次/月					12次/月				
Life	房子	46平方米		100平方米					160平方米		
	汽车	L牌				B牌				P牌	
	钢琴	不会			会						

如上面的说明，我们主要做三件事：

➢ **填入梦想板项目**

将梦想板的项目填入左侧栏位。

➢ **写下目前的现状**

把每一个梦想项目的现状全部写下来。

➢ **放入目标里程碑**

- **M 财务（Money）**

  年薪超过 300 万元新台币，职位要能达到高级主管（第 7 年）。

- **S 技能（Skill）**

  当个正式职场五力讲师，并通过商周出书（第 10 年）。

- **E 语言（English）**

  英文不好，痛下决心，至少要会沟通（第 4 年要能听）。

- **P 朋友（People）**

  减少损友，留下对商业、学习、生活有正面交流的朋友（即日起开始改善）。

- **S 心灵（Spirit）**

  要拿到催眠师证照，以备日后要当心理咨询师，救己又可救人（第 7 年）。

- **S 身体（Sports）**

  改变作息，多多运动。没有健康，一切免谈（即日起开始改变）。

- **L 生活（Life）**

  买一间梦想中的景观房（第 8 年），买台保时捷车（第 9 年），学会简单的民谣钢琴（第 4 年）。

把各个梦想项目的最终目标放到某一年的时间点，再"以终为始"往前推出子目标的时间点。例如，我希望在第 7 年晋升高级主管，那么第 4 年就要升基层主管，第 2 年转行销职务，取得销售及企划的相关认证，英文要先能写，其他的都暂时先不要想。

圆梦计划的进阶

接下来，我想再谈谈圆梦计划的三个进阶概念，同样以陈老师的个人案例说明：

一、因果概念

以时间来看，就是"倒着想，顺着做"。例如，我想要第 10 年在商周出书及成为讲师，就得先一个个取得相关的专业认证。如果不按照时间节点拿到认证，以后一定无法出书及成为讲师。

各位是否还记得美国科幻电影《回到未来》中的一个重要桥段：男主角回到30年前，巧遇他的父母亲，但他的介入，使他的父母差点无法相遇，而他的手也就在一点一滴地消失……后来他的父母在舞池拥抱接吻，他的手就出现了。所以，今天若没有启动，后面的结果都会跟着消失不见。

二、切割概念

所有的项目最终目标并不是在同一年达成，每一年都有该年度所要达成的项目子目标，所以每一年就好好执行该年的行动计划即可。

这个切割概念是要告诉大家，只要每年照着计划行动，你有一天会忽然发现，所有的梦想都实现了；反过来说，如果你迟迟没有行动，那么以后时间一到，你就是一无所有。

三、跨接概念

买保时捷车，成为讲师，以及要在商周出书，有个很重要的共同先行指标，就是要在外企晋升到高级主管，所以"高级主管"这个里程碑，就是个很重要的跨接位置，又可称为关键目标。

梦想板中的所有目标，有些会因为时间不够、资源不足，或其他因素而无法达成，但关键目标，必须全力以赴。

陈老师即战心法补帖▶▶

也许你会说："梦想板写了，圆梦计划我也做了，但一开始就挫败了，更不用说达成最终目标。"

我只能这样回答："没做没机会，有做有机会，或是达到其中一些也很不错啊！"

陈老师的圆梦计划，其实有些我都延迟了，但最终目标全部达到。鼓励各位在一开始，不要把目标定得太难，先初试一个简单的梦想，然后采取行动去达成，之后再慢慢去挑战更伟大的梦想。

以前我有个员工，一直跟我说他有好多梦想都没达成，心情好沮丧。我问他：最简单的是哪一项？

他说是买台二手奔驰敞篷车。

我说那就去买啊！

他说一台 70 万元新台币，他只有 40 万元新台币，少 30 万元新台币。

我说借你 30 万元新台币，我们现在就一起去。

结果那天他就圆梦了，之后他也逐一达成其他的梦想。

只要开始改变，改变就会开始。

50 领导整合

照着流程走，你就变高手

案例 ▶▶陈老师最佳经理人的领导秘诀

图 5 -27 这张领导整合思维导图，蓝色部分就是案例内容。这是我在前公司实际运作的管理方式，同时这套方法也为我带来在前公司亚洲最佳经理人的殊荣，在此分享给大家参考。

一、计划

➤ 计划法则——计划三元素

- **现状**：营业额 10 亿元新台币。
- **对策**：从卖"硬件"转型为卖"服务"。
- **目标**：营业额 20 亿元新台币。

二、组织

➤ 优化法则——优化四矩阵

以 ABCD 四名员工举例示范。

- **晋升（Promote）**：A 员工→接班训练，部分授权。
- **保留（Retain）**：B 员工→首席相称，当 C 员工的指导者。
- **栽培（Develop）**：C 员工→严格操练，作为组织未来的中坚及备援分子。
- **改善（Improve）**：D 员工→给予改善目标，限期改善。

➤ 发展法则——发展五过程

当时部门正处于规范阶段，有一定的互信基础，但我刚接这个部门，彼此之间要重新磨合，所以我还是从组建步骤开始做起。

- **组建（Forming）**：建立部门文化，定义为快乐的胜利之队。
- **风暴（Storming）**：此时该关注的是开放的心态及解决冲突，并进一步要求承诺，所以我就巧妙列出一些部门议题，并使用"问题分析与解决"及"创新思维与决策"来凝聚共识。

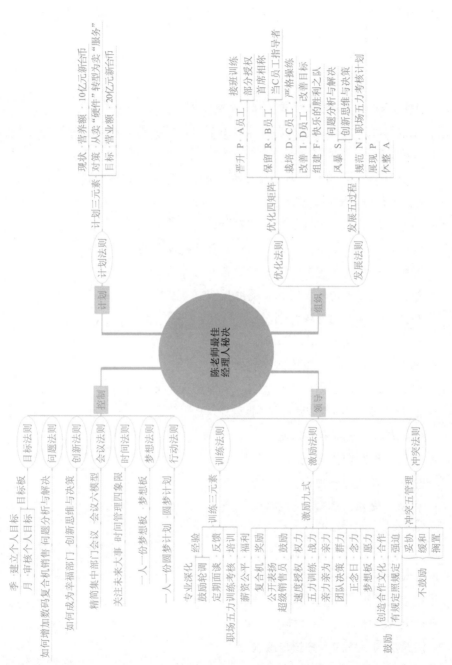

图5-27 陈老师最佳经理人秘诀

- 规范（Norming）：启动职场五力考核计划增强员工核心竞争力。

⮑一开始只写下这三个阶段，因为进行顺利，隔年的发展计划便出现了第四（展现）与第五（休整）阶段了。

三、领导

➢ **训练法则——计划三元素（721 比例运用）**

- **经验 70%**：专业深化在职经验，并鼓励职务轮调，历练新的能力。
- **反馈 20%**：每季固定安排面谈，倾听员工心声，回顾绩效。
- **培训 10%**：职场五力训练及考核，务必要复制出很多的我。

➢ **激励法则——激励九式**

- **福利**：尽量追求薪资公平，需要调整就调整。
- **奖励**：复合机是重点产品，加码奖赏或启动竞赛。
- **鼓励**：公开表扬超级销售员优胜者。
- **权力**：给予表现好及资深者适度授权。
- **战力**：职场五力考核计划。
- **亲力**：亲力亲为，以身作则。
- **群力**：重要议题，跟团队一起做决策。
- **念力**：规定每星期三为正念日，大家整天都要讲好话。
- **愿力**：每人一份梦想板，鼓励圆梦。

➢ **冲突法则——冲突五管理**

- **合作**：创造合作文化。
- **强迫**：有规定照规定。
- **妥协、缓和、搁置**：不鼓励。

四、控制

➢ **目标法则——目标板**
建立个人目标/季，每季设定一次。
审核个人目标/月，每月检查一次。

➢ **问题法则——问题分析与解决**
"如何增加数码复合机销售" 是当时最需要解决的问题。

➤ **创新法则——创新思维与决策**

设想"如何成为幸福部门"，让部门每个员工在充满幸福感的环境中工作。

➤ **会议法则——会议六模型**

精简集中部门会议，尽量集中在星期一，一次解决，并使用模型开会，拒绝无效会议。

➤ **时间法则——时间管理四象限**

关注未来大事，特别是目标设定、员工训练及问题防范。

➤ **梦想法则——梦想板**

一人一份梦想板，彼此分享，让大家充满活力。

➤ **行动法则——圆梦计划**

一人一份圆梦计划，一起来追踪梦想板达成进度。

陈老师即战心法补帖▶▶

复习教练式领导四大支柱心法：

（1）计划：计划要做好，要领又要导。

（2）组织：赏罚要公平，对待要偏心。

（3）领导：士为知己拼，只要知我心。

（4）控制：控制一定要，目标才会到。

一场改变亚洲市场的顾问式培训

三年前，我有缘在公司安排的一场 B2B 研讨会中接触到国钦老师，对国钦能深入"简出"，以在外资品牌公司多年的实战经验，结合归纳整理的感悟，针对 B2B 生意成功的关键因素、战略拟定、战术展开、战技培养、团队战斗、组织设计，侃侃而谈，印象十分深刻，且有巨大的收获。

之后我也特别邀请国钦为公司所有海外总经理量身定做一场英文版的策略规划课程，连海外同事都感受到那种醍醐灌顶、"任督二脉都被打通"的畅快与兴奋感。

当年公司正面临着重大的挑战，需要同时完成生意的转型和数码化的转型，并且要带领由来自几十个国家、有着不同文化与背景的员工组成的团队，共同完成这艰巨的任务，国钦的书确实给了我不少的启发：领导就是要会领也要导，领导者必须清楚地知道要往哪里走，并让团队愿意跟着自己走，因此既要懂得带人、带心、带脑，也要善用领导四大支柱，从计划、组织、领导、控制四方面来完成公司设定的目标，做变革领导，以完成生意的转型。

这三年来，公司在许多亚太国家 B2B 生意有重大的突破，其中很多重要的决策与安排都是参照书中的理论与方法，去做实际验证。《职场五力成功方程式》真的不只是一本很好的职场工具书，还是一本结合了职场上道与术的武功秘籍，能读透其中道理，并实际去操作，定能让读者的思考力、沟通力、销售力、企划力与领导力功力大增，成为职场上的胜利组。

而国钦的第二本书《一学就会的思维导图工作法》，是进阶地把五力化成50 个技术，能分拆又能组合，再辅以行业案例，我已经迫不及待要拜读了。

——某公司　总经理

梁启宏

接地气，才是王道

两年前，为了凝聚主管层对于公司年终策略愿景的共识，我们在三峡举办了三天两夜的团队活动，主要目的是要提升士气，激励团队挑战一年 365亿元新台币的销售业绩。我们需要一位专业讲师，这位讲师必须兼具企划包装、销售技巧、思考逻辑整合及领导能力等各种条件，而这样面面俱到的讲师非常不好找，因此我们进行了众多专业讲师的严格遴选。

在见到陈老师时，他自信地拿出他设计的企划五大流程表单，为我们清楚分析厂办、豪宅、一般住宅、刚性住宅，针对不同产品类型做精准的定位，并且谈到如何领导团队达成业绩目标……最重要的是，眼前的陈老师还带着高级主管的锐气及行云流水的口才，我们团队一致认定，没错！这就是我们要的人了！

之后我们进行了一场极具影响力及专业的主管共识培训，我的年度愿景报告也有了明确的目标及精准的策略，且顺利达成当年度的业绩目标！还有，每次当我必须要公开演讲，请教陈老师该如何用思维导图做演讲架构，他也都非常热心地给我意见，此后他便成为我在面对媒体或公开演讲时的指导老师了！

我看过不少的讲师，有的是表演型的，有的是狐狸型的，但是都不像实战型那样后劲十足，而陈老师就是超级实战型的讲师，如果你站到教室里，你还以为他是这家公司的主管，正在分享他的策略规划，陈老师接地气！

——某房地产公司　总经理

张丽蓉

重回福特野马的传奇

汽车产业，是一个相当需要团队合作及领导力的高度竞争产业，汽车经销商人员除了必须要有更高的销售能力，以及标准化服务的执行力之外，主管们如何运用思考力、沟通力、领导力来解决问题，更是一支高效率的销售团队所需要的差异化软实力。

拥有逻辑性的思考步骤就可以清晰有效率地沟通，而有效率的沟通可以增加说服力，进而提高领导能力。主管或是销售人员在拥有了这样对上或是对下的领导力后，高效率的团队合作就能自然体现，而这一切都可以从陈国钦老师的课程中充分掌握。

个人相当感佩陈老师可以从他多年外企工作经验，萃取出简单易懂的思考模式及沟通逻辑，而这种思考、沟通及领导的能力，正是我期待第一线的经销商主管，甚至是每一位销售人员所能复制并运用在讲究团队合作的汽车产业中的能力，进而提升汽车销售的竞争性。

因此，我力邀到陈老师针对经销商的业务主管进行一次大脑的洗礼。陈老师幽默、简单、活泼、易懂的授课方式，非常适合强调应变及领导合作的销售团队，经销商主管在上完课后，无不赞许并一致认为这是相当有价值的实务课程，纷纷自发性使用其高效模块于日常业务上，并期盼新课程。

个人得知陈老师即将出版第二本书后，除了恭祝新书大卖外，也希望陈老师能再次将进阶的管理精髓以课程方式萃取出来，造福广大的职场人。

——某公司　营销处处长

黄煌文

科学化的架构思维才是真正的竞争力

一次机缘巧合，通过航空公司好友推荐，我邀请陈老师为我公司员工授课，让负责产品设计、市场营销和管理的高级主管近百人，有机会学习国钦老师的"职场五力成功方程式"。

过程中只见国钦信手拈来，便将华山 1000 多字的景点说明，迅速拆解为 Open（自介）、Why（由来）、What（简介）、How（进行）、Close（交代），一转眼他便能不看手稿，很流畅地把华山介绍出来，这不仅是快速记忆而已，还将内容运用"结构流程"概念科学且富有逻辑性地表达出来，完美体现沟通的艺术！

此外，他还分享了人生梦想板的设定，让日日忙碌的公司同事顿觉人生充满希望、机会和效能，也有了努力的方向和目标。大家在课程中除了学到高效表达技术之外，更学到了如何运用科学化架构思维来重建自己的内在能量和竞争力！

陈老师擅长整合式教学，以思考力、企划力、销售力、沟通力、领导力五力来引导学习，并将理论模块化，成为组织团队共同思考模式及语言，有效降低了跨组织沟通的成本。相信这次新书导入五十个职场秘籍，肯定大大提供脑内成长电能！陈老师就是一个传奇！

——某公司　总经理

黄信川

全方位领导者的宝典

继 2015 年出版《职场五力成功方程式》之后，这是国钦的第二本著作，前作中他以外企征战多年的感悟，搭配项目管理的丰富内蕴，最后再辅以浅显易懂的思维导图呈现，开创出了企管类书籍中文质并重的实用风格。而这次的实战版《一学就会的思维导图工作法》，更是加强了实战案例的部分，除了延续国钦一贯的务实风格，更重于领导实务的体现！

这是一本让新手主管学习、中级主管实践、高级主管自评的好书。即便如我已累积相当的外企高级经理人经验，拜读此书，许多案例场景仍然能够勾起我的省思，或是蕴化出我对管理哲学新的思考。

我常见到许多初级主管偏重于人际关系，高级主管偏重于任务达成。偏重任一方的结果往往是无法兼容并蓄完成组织交付的任务。而我过去的领导经验则认为两者需取得一定平衡点，与书中所提"教练式"的领导关系不谋而合，此类管理模式可让管理者与下属双方留下深厚情谊，并达成更高的目标。而国钦所提出的领导四大支柱——计划、组织、领导、控制，更是巧妙运用了管理科学与项目管理领域所创的整合思维，是一套易于融会贯通的方法。

国钦屡屡获得最佳经理人的肯定，如今又萃取了多年的职场历练，加上跨国企业高级经理人的高度与广度，我相信不论读者是哪一个层级的主管，在读完本书之后，都能在国钦整理好的思维导图里，找到可资借鉴的经验，转化成属于自己的成功方程式，更打造出真正属于自己的高级核心竞争力。

——某公司　常务董事

许博惇

一场让员工立马改变行为的课程

单位 HR 跟我提到陈老师在教练式领导及团队运作技巧上，有一套系统化的管理模板，符合业务团队在没有太多时间资源可以训练，但又得立即运用在管理上的需求。当时我一听到"整合""高效""实战"三个关键词，马上就产生了高度的兴趣！

的确相当高效！访谈后的当月，所有流程相当顺利地完成，我们在 3 月底开了第一堂课，来上课的学员都是业务团队最核心的主管，且过程中大家都很认真参与，无人玩手机。课程休息时间，陈老师针对主管的困扰，为我们定制了属于亚太业务团队的管理模板，让主管们高效运用系统化架构沟通，省去因彼此逻辑不同而产生诠释差异的问题。特别要说的是，对于公司的愿景及使命的定义，在陈老师的"黄金圈"指导之下，我们也更有信心跟客户沟通我们的价值！在课程结束后不久，很多主管们开始用陈老师传授的方法进行管理，真正运用在生活中并有所改变！

现在的我们相对辛苦，但在主管们有意识地从现在开始改变后，相信公司业务团队在未来可以有更卓越的表现！再次谢谢陈老师！"整合、高效、实战"六字无误。

——某公司 渠道规划管理部经理

朱采瑶

结 语

莫忘职场苦人多

历经九个月呕心沥血的撰写，三个月的校稿编排，我终于完成这本职场超级商业图鉴工具书。连在北海道的小樽运河、荷兰的凡·高博物馆、巴黎的香榭丽舍大道，我都在不停地构思与写作。如果您好好地仔细研读，相信一定会有意想不到的收获。

写书与出书，其实是一件不赚钱的工作，呼应前言：如果有一件事，是有价值的，你擅长的，又是你的热情所在，那就是你这一世的天命。也因为这个使命感，我就想好好地把这件事做好。

我在职场近 30 年，深深觉得很多职场人都过得很不快乐，探究其中根源，最主要是职场核心能力不足。我很想告诉大家，其实工作是可以很简单快乐的。

您可能现在正很努力工作，记得先善用这本书，先让自己聪明地工作，之后再慢慢产生工作成果，等到功力大增了，自然可以前瞻未来工作前景，而这一切不就是快乐工作了吗？我可以，你一定也可以！